十五歳
私の本気。
必ずつかみたい
夢がある。

中高一貫 昭和女子大学附属
昭和中学校・高等学校

Ohyu Gakuen
泣こう、笑おう、
輝こう。
2023年度 公開行事 【インターネット予約制】
イベントの日程は変更になる場合がございます。最新情報をHPでご確認ください。
●学校説明会
※ 定員380名(2名まで予約可能) ★印はLIVE配信あり(1000名)
※ 説明会終了後、授業見学ができます。
10月21日(土) 6年生・★全学年対象
11月14日(火) 全学年対象
●かもめ祭(学園祭) 9月16日(土)、9月17日(日)
●入試対策講座(WEB) 12月 6日(水) 6年生対象
●受験会場見学会 12月10日(日) 6年生対象
●授業・部活動見学会
授業・部活動の見学ができます。実施日などの詳細は、本校HPでご確認ください。
鷗友学園女子中学高等学校
〒156-8551 東京都世田谷区宮坂1-5-30
TEL03-3420-0136 FAX03-3420-8782
https://www.ohyu.jp/

中学受験

合格ガイド2024

Contents

美
女子美術大学付属高等学校・中学校
JOSHIBI
Beauty in the soul
Friendship through art
bringing people together
女子美祭
～中高大同時開催～
～最大のイベント～
10月21日（土）・22日(日)
各10：00～17：00
※ミニ説明会あり
公開授業
10月28日（土）
11月18日（土）
New
女子美
なんでも質問会
11月4日（土）
ミニ学校説明会
12月 2日（土）
1月 6日（土）
高等学校卒業制作展
2024年2月29日(木)～3月5日（火）
於：東京都美術館（予約不要）
卒業制作展以外は全て
予約制・上履き不要です
http://www.joshibi.ac.jp/fuzoku
〒166-8538 東京都杉並区和田1-49-8
［代表］TEL:03-5340-4541 FAX:03-5340-4542

英知をもって国際社会で活躍できる人間を育成する。

―― 3つの資質・能力を形成する特色教育　①進学教育　②国際教育　③福祉教育 ――

グローバル社会で活躍できるために育てたい3つの資質・能力

創造的学力【主体性】	21世紀のグローバル社会や科学技術などの様々な分野でイノベーションを起こすため、自ら主体的に課題を発見し、その課題を解決する創造的思考が必要です。そのためにも、課題を的確に発見する力や多様な発想を創り出す姿勢などを育みます。
国際対話力【多様性】	多様なグローバル社会では、多様な人たちと一緒に課題と向き合い、コラボレーションしながら社会を築くため、論理的思考や英語による対話力が求められます。そのためにも、多様な文化や考え方を理解して対話することのできる力や姿勢を育みます。
人間関係力【協働性】	複雑化する人間社会においては、自立した個人として様々な人々とコミュニケーションできるとともに、協働して課題解決に向かおうとする共感的思考が大切です。そのためにも、集団をまとめる力や仲間に貢献する姿勢などを育みます。

資質・能力を高める教科教育

英語・数学は単元ごと小テスト・ノート提出等の主体的なサポート学習で習得を目指す
東京グローバルゲートウェイでの英語体験学習
国語は百人一首大会等で競いながら学べるイベントの実施
理科・社会の探究学習（成果発表）
中1…富士山と田貫湖周辺の自然探究学習
中2…京都・奈良の歴史探究学習
中3…沖縄の平和学習・現地校交流・民泊・外来植物の除去体験・マリンスポーツ
統合学習**（音楽・美術・体育・技術家庭科・道徳）**
実技科目と福祉教育がリンク

順天オリジナルプログラム

毎年ある宿泊体験学習（中1は自然体験探究・中2は京都・奈良歴史探究・中3は沖縄社会探究）
PCを全員に貸与（オンライン環境が整っている）
ボランティア活動（学期に1回を目標に毎月紹介されるプログラムから自由に選択）
自由参加型ニュージーランド短期留学（中３夏期休業中）
高校の類型制進学教育（理数選抜クラス・英語選抜クラス・特進選抜クラス・一貫選抜クラスがある）

2022年度 進学実績

国公立・難関私大（早慶上理　GMARCH）（医・歯・薬）系大に57%が実進学

学校説明会【要予約】

10月７日(土)　　11月11日(土)　　12月16日(土)

☆諸般の事情により、実施内容・日程を変更する場合もありますので、ご了承ください。詳細、オープンスクールについてはホームページでご確認ください。

順天中学校

〒114-0022　東京都北区王子本町1-17-13　TEL:03-3908-2966　https://www.junten.ed.jp/

自分で考え、判断し、行動できる人を育てます

2022年度より、
生徒一人ひとりの個性を豊かに開花させるために、
新コースがスタートしました。
変化する時代に生きていく女性たちに新しい学びを。
それが100周年を超えてなお、変わらない十文字の伝統です。

高校のコース

目標や希望に合ったコースで主体性を育み、答えのない問いに対して立ち向かえる姿勢を養います。
「リベラルアーツコース」「特選コース（人文・理数）」「自己発信コース」の3コースです。

	リベラルアーツ コース	特選（人文・理数） コース	自己発信 コース
目標	幅広い活動を通して、自らの進路を切り拓くための汎用的な思考力を育てます。	上位難関大学進学を目標に、自己表現を目指します。	自ら学び行動し、未来社会に貢献できる力を養います。
特徴	☑高校1年次は基本を学び、2年次から幅広い選択科目を選んで学ぶことができます。 ☑文系、理系の他、芸術系、保健体育系など多様な進路を目指します。	☑高校1年次から人文特選と理数特選に分かれます。 ☑高校3年次は演習重視の授業を展開します。	☑探究の実践を多く取り入れます。 ☑英語でも発信できることを目指します。

学校説明会　WEB予約

10月14日㊏ 10:30～
10月28日㊏ 14:00～
11月12日㊐ 14:00～
12月 2日㊏ 14:00～
12月16日㊏ 10:30～ 6年生対象
12月16日㊏ 14:00～ 5年生以下対象
1月13日㊏ 10:30～ 6年生対象
1月20日㊏ 10:30～ 5年生以下対象

入試体験会　WEB予約

11月12日㊐ 10:00～
12月10日㊐ 10:00～

イブニング説明会　WEB予約

9月29日㊎ 17:00～
11月22日㊌ 17:00～

生徒案内見学会　WEB予約

9月30日㊏ 14:00～
11月 4日㊏ 14:00～

部活見学　WEB予約

10月 7日㊏ 14:00～

十文字祭（文化祭）　WEB予約

9月22日㊎ 9:00～
9月23日(土祝) 9:00～

個別相談会　WEB予約

随時、受け付けております。
ホームページよりご予約ください。

個別の学校見学・相談は随時受け付けております。
（12/29～1/4は除きます）
本校のホームページよりお申し込みください。

学校法人 十文字学園
十文字中学・高等学校

〒170-0004 東京都豊島区北大塚1-10-33　TEL. 03-3918-0511　FAX. 03-3576-8428
URL https://js.jumonji-u.ac.jp/　Access 巣鴨・大塚から徒歩約5分

二《に》松《しょう》学《がく》舎《しゃ》大《だい》学《がく》附《ふ》属《ぞく》柏《かしわ》中学校

生徒と教員がいっしょになって「学ぶ楽しさ」を見つけていく

創立以来、独自の「探究学習」「論語教育」を展開してきた二松学舎大学附属柏中学校。今回はその具体的な内容と、取り組みにこめられた思いについてお話をうかがいました。

生徒の興味関心を深める「自問自答プログラム」

JR常磐線「柏駅」からスクールバスで15分。伸びのびと広がる自然と住宅街を縫うように進んださきに現れるのが、二松学舎大学附属柏中学校（以下、二松学舎柏）です。

創設者・三島中洲《ちゅうしゅう》が掲げた建学の精神「己を修め人を治め一世に有用なる人物を養成す」を、島田達彦副校長先生は「『己を修め』は自分を知ること、『人を治め』は他者を知ることです。現代社会ではいっそう、他者と協力しながら問題に取り組んでいく必要があります。だからこそ、この精神を実現させる意義を強く実感しています」と話します。

その実現のカギとなるのが「探究学習」だと続ける島田副校長先生。

「自ら課題を発見・調査し、だした結論を自分自身で行動に移していく。そしてその過程で、自信を持って他者と協働しながら問題に立ち向かう力も培ってほしいです」

２０２２年、二松学舎柏は従来の探究学習をさらに発展させるべく、それぞれに「探究」を冠した「総合探究コース」「グローバル探究コース」の新コース制を開始。生徒の知的探究心を育む取り組みを行っています。代表的なのが、両コース共通で3年間かけて行う「自問自答プログラム」です。米作りをイチから体験する「田んぼの教室」や、国際都市東京の歴史や文化に触れる「都市の教室」などの体験学習をとおして、課題を発見、テーマ設定をし（自問）、調査、考察（自答）していきます。

なかでも近隣の手賀沼を舞台にした「沼の教室」では、手賀沼に隣接する導水施設で地域の水資源や環境について学ぶほか、実際に採水をして水質を調査したり、過去と現在の地図を比較しながら散策したりするなど、各学年で地域密着型の探究学習が実施されています。

地域資源を利用した教育について、グローバル探究委員会委員長の森寿直先生は、「『手賀沼の水質』というテーマひとつをとっても、実際にやると理系的なアプローチが必要なときもあれば、文系的なアプローチが必要なときもあります。探究学習を進める過程で、授業で学んだことが、実際に身近な問題を解決する術《すべ》になるんだ、と実感するのではな

松陵祭（文化祭） 要予約
9月16日(土)　9月17日(日)

授業見学会 要予約
9月30日(土) 9:30～

学校説明会 要予約
10月７日(土)　10月21日(土)※
11月11日(土)※　11月23日(木祝)
すべて9:30～
※第一志望入試、グローバル探究コース希望者向け

入試体験会 要予約
11月3日(金祝) 9:30～

入試説明会 要予約
12月9日(土) 9:30～
1月6日(土) 10:00～

いでしょうか。さまざまな体験をするなかで、本当に自分が興味のあることを見つけ、授業で学んだ知識を使ってさらに興味を深めてくれたら嬉しいです」と話されます。

「自問自答プログラム」での体験をいかして、自らの手で調べ、学んでいく楽しさを知っていく二松学舎柏生。中3では3年間の集大成として探究論文「自問自答」に取り組みます。その論文を基盤に高校で生徒独自にインタビュー、アンケート調査を実施して新たに論文を執筆、難関私立大学の総合型選抜を受験し合格を勝ち取った生徒もいるそう。

「我々の役目は生徒の知的好奇心を引き出す『種』を多く用意することです。生徒がその種を拾い、自らの足で歩きだしたら、あとは見守るだけです」と森先生。自分なりの探究学習の方法を身につけた生徒は、高校、大学、社会人になっても自らの手で調べ、学び、興味を深めていける人間へと育っていくのです。

6年間で学んだ「論語」が その後の人生の支えになる

生徒の「自ら学ぶ力」を育成する二松学舎柏。伝統的に行われている「論語教育」も、その取り組みのひとつです。中学では始業前に漢文検定テキストの群読と暗唱、高校ではオリジナルテキストを用いた「論語探究」の授業で理解を深めます。

「孔子の教えの意味を理解するのは、中高生にはなかなか難しいでしょう。しかし、それでもいいんです。6年間で自然と彼らのなかに染みついていき、今後の人生で迷うことがあったとき、その教えが彼らの判断の軸になってくれると思うんです」と森先生は話されます。

中学の3年間は各クラスの担任が指導を担当しており、二松学舎柏に赴任してきた教員はまず初めに、論語の勉強をするのが慣習になっているのだそう。漢文検定の時期には生徒と教員で問題をだしあう光景も多く見られるといい、二松学舎柏にとって『論語』は、教員と生徒がいっしょになって向きあい、話題を共有する、コミュニケーションツールにもなっているのです。ともに学んでくれる教員がそばにいてくれるからこそ、生徒の学習へのモチベーションはいっそう高まるのでしょう。

「めざすのは、『みんなが学ぶ学校』です。全員が『学びたいこと』を持ち、それぞれの『やってみたい気持ち』を大切にする学校です。本校ではさまざまな体験プログラムを用意しています。自然にかこまれた柏の地で、『学ぶ楽しさ』を探してみませんか？」（島田副校長先生）

手賀沼を舞台とした多彩な探究学習

学校のほど近くにある手賀沼。生徒は手賀沼を軸にさまざまな探究学習を行い、学びを広げています。

取り組み1

沼の水質調査を行い過去のデータと比較

高度経済成長期、「日本で一番汚れた沼」と言われていた手賀沼。現在は水質改善が進み、地域の大切な水資源となっています。二松学舎柏では計5カ所で採水を実施。過去のデータや、校外学習で訪れた別の地域の水と比較をし、水質改善が進んだ理由や地域によるちがいとその要因を考察しています。

取り組み2

文学作品の描写から当時の地域の様子を考える

手賀沼周辺の自然は多くの文化人を惹きつけました。志賀直哉もそのひとりです。1919年発表の『流行感冒』では、当時の手賀沼周辺の様子が描写されており、探究学習ではそこから具体的な場所を特定、1919年と現在の地図を見比べながら町探索を行い、100年間でどのように変化したのか記録しています。

School Data
〈共学校〉

所在地：千葉県柏市大井2590　アクセス：JR常磐線・東武野田線「柏駅」、東武野田線「新柏駅」、JR常磐線「我孫子駅」からスクールバス約15分。「北総線ルート」「新鎌ヶ谷ルート」も運行。　TEL：04-7191-5242　URL：https://www.nishogakusha-kashiwa.ed.jp/

愛ある人として

湘《しょう》南《なん》白《しら》百《ゆ》合《り》学《がく》園《えん》中学校【女子校】

●オープンスクール［要予約］
10／28 土
9:45～11:30　13:45～15:00
●入試説明会［要予約］
11／18 土
10:00～11:30　14:00～15:30
●入試直前説明会［要予約］
12／ 9 土　9:30～11:00
※6年生限定
●学校見学会［要予約］
10／ 5 木　10:15～12:00

所在地：神奈川県藤沢市片瀬目白山4-1
アクセス：JR東海道線・小田急線「藤沢駅」より江ノ電バス「片瀬山入口」徒歩3分、湘南モノレール「片瀬山駅」徒歩7分、江ノ島電鉄「江ノ島駅」徒歩15分
TEL：0466-27-6211
URL：https://chukou.shonan-shirayuri.ac.jp

湘南白百合学園では、宗教的情操教育を学びのベースとした中高6年間の一貫教育の実践により、調和のとれた人格の育成と、国際的な視野を持って人類社会に奉仕できる女性の育成をめざしています。

愛ある人として、よりよい社会の実現のために自身の使命を見いだし、自らよく考え、適切に判断し、よりよい選択をし、責任を持って行動できる女性を目標に、日々の授業や行事・部活動などさまざまな場面で、生徒の活動をサポートしています。

語学力の向上をめざして

中1～高1では、帰国生や英語が堪能な生徒を対象に「英語取り出し授業」を実施しています。ごく少人数のクラス構成で、ネイティブ教員の授業を増やし、コミュニケーション力・ライティング力のさらなる強化をめざすことで、進路実現の一助としています。

また高校1年生は夏休み中に全員が、米（サンディエゴ）・マルタ島・VRの3つから自由に語学研修を選び、英語を活用する機会を持ちます。プログラムごとに目的・内容・レベルを変えているため、生徒一人ひとりに合う選択が可能になっています。

大学進学に向けて

中1・中2は「基礎学力の定着」期間として、小テストなどもさかんに行われています。中3・高1は「進路への意識付け」の期間として、大学や社会の仕組みなどの情報提供を行っています。

そして高2からは「大学入試に対応できる実力の養成」期間として、生徒は自分の進路に合わせた選択科目を履修することができ、2学期からは放課後補習（無料）を開講し、生徒は自主的に受講しています。

その結果、近年の進学先は国公私大の文系を中心に、医歯薬系・理工系・芸術系など多様性に富んだ進学実績となっています。

強みを活かせる多様な入試

2024年度入試では、帰国生入試は、受験時に海外在住の方はオンライン受験が可能です。また、2月1日午後に実施する「1教科入試」では、国語と算数の併願が可能になり、それぞれで合格判定を実施します。

2日午前の「4教科入試」のほか、英検3級以上を得点化して受験ができる「英語資格入試」など、自分の強みを活かしてチャレンジできる多様な入試が用意されています。

2024年度入試日程（抜粋）

	帰国生入試 ※1	一般入試		
		算数1教科 国語1教科	4教科	英語資格
定員	10名	20名	45名	若干名
試験日	12/16(土)	2/1(木)午後	2/2(金)午前	
試験科目	A方式※2 B方式※3	算数・国語	国算理社	国算＋英語資格の得点

※1 受験時に海外在住の方はオンライン受験可
※2 A方式：英語＋国語＋算数（高得点の2教科を判定に用いる）
※3 B方式：国語＋算数

タイアップ記事

「心」を耕し「知」を求める

清泉女学院《せいせんじょがくいん》中学校

School Information（女子校）

所在地：神奈川県鎌倉市城廻200
アクセス：JR線・湘南モノレール「大船」バス5分
TEL：0467-46-3171　URL：https://www.seisen-h.ed.jp/

「困難を乗り越える力を持ち、周囲をあたたかく照らす人へ」。清泉女学院中学校の教育の根底には、創立以来、カトリック修道会のシスターたちの情熱が受け継がれています。

「その人らしさ」を育てる

変化の激しい社会の中で、しなやかに「自分らしさ」を輝かせること。そのために、清泉女学院には学力だけではない豊かな心と真の強さを育む4つのプログラムが用意されています。「中でも、多様な価値観や考え方、常識の枠にとらわれない視点に触れながら自分の「軸」を見出すライフオリエンテーションプログラム（LOP）は、清泉女学院の教育を語る上で欠かせません。他のグローバル（国際系）、ライフナビゲーション（キャリア系）、サイエンス・ICTプログラムは、このLOPという土台なくして成り立たないのです」と広報部長の北宮枝里子先生は言います。

違いを認め合い、尊重し合う校風

AREでは英語圏の「国語」の授業を展開

無理なく力を伸ばす語学教育

英語は、人と人とを繋げるコミュニケーションツール。中学入学時から3レベルにわかれ、自分のペースに合わせて語学力を伸ばすことができます。希望者は、課外授業としてオンライン英会話・スペイン語・中国語を受講することもできます。

英語の習熟度別クラス

SE（Standard English class） 標準クラス
AE（Advanced English class） 入学時に英検3級または 同程度の力を有する生徒対象のクラス
ARE（Advanced Returnees' English class） グローバル入試・帰国生試験B方式で 合格した生徒対象のクラス

潜在的な力を測る入試

清泉女学院の入試は、オーソドックスな一般入試の他に、考える力・表現する力・異なる教科で学んだことを総合する力をためす「ポテンシャル入試」があります。一般入試では測り切れない受験生の学びに向かう姿勢、挑戦を楽しむ強さが発揮される、注目の試験です。

◆2024年度 入試概要

試験日	試験種別	科目	時間	定員
2/1（木）	1期試験	4教科	8:45～	40名
	2期試験	2教科（国・算）	①14:30～ ②16:10～	20名
2/2（金）	3期試験	4教科	15:00～	25名
		3教科（国・算・英）	15:00～	
		1教科（英）	14:00～	若干名
2/4（日）	ポテンシャル入試	AP入試（思考力）	14:30～	10名
		SP入試（算数1教科）	15:50～	10名
12/9（土） 1/6（土）	帰国生入試	A方式： 作文・算数・面接 B方式： 作文・英語・面接	12:50～	15名程度

3期試験では英検による加点制度あり。
ポテンシャル入試は、AP・SPを連続で受験可能。

受験生向けイベント

◆保護者見学会
10月27日(金)・11月24日(金)
両日とも10：00～

◆入試説明会
11月18日(土)
9：30～／13：30～
12月16日(土)
9：30～

◆親子見学会
2月17日(土)・3月23日(土)
両日とも9：30～
説明会、校内見学、体験授業など

SCHOOLトピックス!

[タイアップ記事]

系列医大に11名が進学
学園をあげて生徒を育てる

獨《どっ》協《きょう》中学校

2023年度医学部合格実績

獨協医科大（11）	日本医科大（1）
岩手医科大（1）	兵庫医科大（1）
東北医科薬科大（1）	国際医療福祉大（1）
北里大（2）	新潟大（1）
昭和大（2）	久留米大（1）
帝京大（1）	福岡大（1）
東京医科大（1）	聖マリアンナ医科大（1）
東邦大（1）	
日本大（4）	※（　）内は合格者数

医学部のほか京都大、大阪大、東京農工大、東京都立大、早慶上理、G-MARCHなど多数合格！

School Information（男子校）

所在地　東京都文京区関口3-8-1
アクセス　地下鉄有楽町線「護国寺駅」徒歩8分、地下鉄有楽町線「江戸川橋駅」徒歩10分、地下鉄副都心線「雑司が谷駅」徒歩16分
TEL　03-3943-3651　URL　https://www.dokkyo.ed.jp/

例年多くの医学部進学者を輩出する獨協中学校・高等学校。2023年度入試では獨協医科大学に11名が、系列校推薦枠を活用して進学しました。大学との連携教育についてみてみましょう。

獨協中学校・高等学校（以下、獨協）の母体である獨協学園は「学問を通じての人間形成」を教育理念に掲げ、教育、研究、医療を通じて社会に貢献できる人材の育成を使命としています。そうした学園の思いを受け、2022年度入試より獨協医科大学（以下、獨協医大）への※系列校推薦枠が誕生しました。学園内の連携を強め、それぞれの教育ノウハウを活かすことで、優れた人間性を持つ医療従事者を育てていきます。

「科目ごとの指導体制が整う中高と、医学に特化した知識を持つ大学が協力することで、よりスムーズな形で生徒を育て大学に送り出すことができるようになります。しかし大学が生徒に求めているのは高い学力だけではありません。中高時代に多彩な経験を積み、豊かな人間性を身につけることも重要だと考えています。そのため、系列校推薦枠の入試では、基礎学力試験に加え、面接を2回実施するなど人間性を重視した試験を行います」と入試室長の坂東広明教頭先生。

手厚いサポートがさらにパワーアップ

これまでも獨協は、医学部受験に特化した授業を設けたり、獨協医大の見学会を行ったりと、医療従事者を志す生徒を手厚く支援してきました。2021年度からは、そのサポートがさらに充実しています。

まず中学生、高校生それぞれに獨協医大の教授によるオンライン講義を実施。中学生対象の講義は、これまでの科学技術の発展が医学にどのように活かされているのか、幅広い視野で医学をとらえる内容が展開され、高校生には医師のキャリア形成をテーマに、医学部のカリキュラム等、具体例も交えながら講義が進められています。

高2・高3対象の上田善彦校長先生による医学基礎講座

連携教育について坂東教頭先生は「医学に特化したプログラムを実施するのはもちろんですが、加えて医学に限らず幅広い視野や科学的な能力を身につけられる機会にしたいとも考えています」と話されます。

そして獨協医大への進学が決まった生徒には「プレ講義」も用意。同大の先生から入学準備等のアドバイスを受けられます。

さらに獨協独自のプログラムとして、上田善彦校長先生による特別講義も行われています。元獨協生である上田校長先生は、獨協医大で学び、現在は名誉教授でもあります。専門とする病理学の知見や、数多くの研修医を指導してきた経験を活かし、生徒を導きます。ロールモデルとなる存在が身近にいることは、生徒にとって大きな刺激になるでしょう。

学校間の連携を深める獨協学園。今年、獨協は創立140周年、獨協医大は創立50周年を迎えました。節目の年に向けて生まれた系列校推薦枠。高い学力と優れた人間性を身につけた医療従事者をめざす獨協生の活躍が楽しみです。

※獨協埼玉中学校・高等学校と合わせて約10名

入試イベント

獨協祭（文化祭） 要予約
9月23日（土祝）　9月24日（日）
両日とも10：00～15：00

学校説明会 要予約
10月15日（日）　11月12日（日）
12月17日（日）　1月 7日（日）
すべて10：00～12：00

入試問題説明会 要予約
12月17日（日）　10：00～

※実施の有無、内容はHPでご確認ください。

生活面＆学習面

「あと100日」をこう過ごす

合格を勝ち取るために重要な入試本番までの「あと100日」という期間。どのように過ごすべきなのか、生活面、学習面の両方から考えていきましょう。

前向きにとらえて合格を引き寄せる

受験生にとって大きな区切りとなる、入試まで「あと100日」というこの時期。みなさんにとって、この言葉は「もう100日もある」「まだ100日しかない」、どちらに感じられましたか。進学塾などで掲示され始める「入試まであと○○日」といったポスターを見ると、残された時間を実感し、焦る気持ちを持つかたもいるかもしれませんね。

しかし100日は、約3カ月、1年の4分の1にあたるので、けっして短い期間ではありません。「入試まであと○○日」のポスターも「まだこれだけの時間があるのだから、がんばろう！」という、塾の先生がたの応援の思いがこめられたものです。具体的な日数がしめされることで、受験生としての自覚もより大きくなることでしょう。

みなさんには、「あと100日」を前向きにとらえ、本番までを過ごしていっていただきたいと思います。ただ受験生本人は、入試本番までの日数が少なくなってくると、どうしても焦りやプレッシャーを感じてしまいます。

そんなときはご家族のみなさんが「まだ○○日あるよ」と声をかけてあげてください。ご家族のそうした余裕のある気の持ちようが、受験生にもプラスに働き、受験生の大きな支えとなります。そして合格を引きよせる流れにもつながるはずです。

受験に向けての最終的な準備をしていくには、じゅうぶんな時間が残されている「あと100日」。その期間をどのように過ごしていくべきか、その期生活面、学習面に分けてみていきましょう。

生活面のポイント

精神面・身体面の健康管理を意識

志望校の合格を手に入れるためには、学力を高めることももちろん必要です。しかし、最高のコンディションで本番を迎えられるよう、生活面にも気を配ることが大切です。保護者のかたには、受験生の精神面・身体面、どちらのようすにも気を配っていただきたいと思います。

「あと100日」の計画を立てるにあたって、ついつい「時間があるならば、少しでも勉強をした方がいいのでは」と考えてしまうかもしれませんが、心と身体を休めることも大切です。入試当日に体調を崩してしまっては、それまでの努力が水の泡となってしまいます。ですから、休息の時間も取り入れた計画を意識するようにしましょう。

またご家庭での雰囲気づくりにも配慮し、受験生が過度なプレッシャーを感じることなく勉強をつづけられるようにしてください。

早起きをして朝学習に取り組む

生活習慣としては朝型への移行が欠かせません。多くの学校では朝から入試が行われるからです。午後入試を受験する場合も、午前中に1校受験してから午後入試を受けることが多いと思いますので、いずれにしても、朝型に移行しておくことが必要になってきます。

個人差はあるものの、急激に生活習慣を変えるのは負担が大きく、あまり得策ではありませんから、余裕を持って、生活リズムを変えていくことをおすすめします。

遅くとも、入試本番の1カ月前には朝型の生活に変えておきたいところです。ただ、その時期はちょうど寒さが厳しく、朝起きるのがつらい時期でもありますから、秋ごろから徐々に就寝時間を早め、早起きに慣れておくといいでしょう。

注意したいのは、朝型への移行は、早起きだけが目的ではないということです。試験開始時間までに、頭が働くようになってこそ、朝型の生活習慣が身についたといえます。

そのため、短時間でもいいので、起床後、学校に行くまでに漢字の練習や計算問題に取り組むなど、頭を使うことを習慣化しましょう。まとまった時間が取れるようになったならば、後述する過去の入試問題にチャレンジするのもいいですね。

スムーズに朝学習に取り組むコツは、前日の夜に、翌朝の学習用の教材を机に用意しておくことです。「なにを勉強しよう」と悩んでいるうち

に時間が過ぎて、「結局なにもできなかった」となってはもったいないですから、あらかじめ内容を決めておくといいでしょう。

学習面でのポイント

「総まとめ」をして アウトプットの力を養う

つづいて学習面のポイントについてお伝えしましょう。

中学入試はほぼ100%、入試当日の学力試験の結果によって合否が決まります。そのため、本番までにどれだけ学力を伸ばせるか、当日にその力を確実に発揮できるかどうかがカギとなるわけです。

「あと100日」あれば、入試本番に向けて総まとめや総仕上げをする時間はじゅうぶんにあります。

この時期になると、すでに受験生のみなさんは、ほとんどの分野についてひととおりの学習を終えていることと思います。

ただこれまでは、知識のインプットが中心の学習だったかもしれません。

インプットするだけでは、頭のなかで各項目の関連性などがきちんと整理されていないことも考えられ、たとえば模擬試験では、その知識をうまく活用できず、力をだせないということもありえます。

これはいわゆる学力不足とはちがいます。必要なのはインプットしてきた知識を的確にアウトプットする力を伸ばすための「総まとめ」です。これまで学んできたことを整理する総まとめに取り組み、本番での得点力向上に必要な、実践的な学力（＝入試実践力）を高めていきましょう。

過去問演習をとおして 身につける入試実践力

入試実践力をきたえるのに有効なのが、各校で過去に実施された入試問題（以下、過去問）の研究です。入試問題は、学校ごとに設問形式や解答方法、難易度などが異なります。そこには、各校の先生がたのさまざまな思いが詰まっているのです。その思いを受け止め理解できているかどうかが、合否に大きくかかわってくるともいえます。

模擬試験では合格可能性80%以上という数値がでていたとしても、本番では思うような点数が取れないということもありえます。それは、志望校の入試問題の傾向に慣れていないことが原因とも考えられます。たとえ同じくらいのレベルの学力を持っていたとしても、入試当日に初めて問題に接する受験生と、過去問研究をしてきた受験生とでは、学力面に加え、精神面でも大きな差がでてしまうのです。

過去問演習に取り組むことで、「合格につながる答案を作成するテクニック」が身についていきます。これはもちろん小手先のものではありません。出題傾向に対応できる力、入試実践力なのです。入試本番まで時間のあるこの時期から、入試実践力を着実に伸ばしていきましょう。

受験可能性がある学校は過去問を早めに入手

過去問は前年のものだけでなく、一定年数分取り組むことをおすすめします。3～5年分がまとめて収録された過去問集が出版社から発売されているので、書店やインターネットをつうじて購入しましょう。

その際、第1志望校の過去問だけでなく、併願校のものも手に入れるようにしてください。お伝えしたように、入試実践力を養うためには、過去問研究が不可欠ですから、受験を考えている学校のものは早めに集めておくようにしたいものです。

ただ、なかには、過去問集が市販されていない学校もあります。そうした場合は、学校の窓口や説明会で入手できることもありますので、学校に確認してみてください。この場合、出版社刊行のものとは異なり、解答、解説がついていないこともありますので注意が必要です。

過去問の具体的な取り組み方法については、44ページから紹介していますので、参考にしてください。

ご家族が一丸となって中学受験に立ち向かう

「あと100日」をどう過ごすべきか、生活面、学習面についてお話ししてきました。最後にあらためてお伝えしておきたいのが、受験生にとって、最も大きな励ましとなるのは、ご家族の応援だということです。まだ12歳という年齢で、合否がともなう中学受験にチャレンジするのは大変なことです。

これからさき、スランプにおちいりやる気がでないといった日もあるでしょう。そんなときはご家族の出番です。もちろん実際に勉強するのは受験生ですが、最も信頼し頼れるサポーターであるご家族の存在は、受験生に入試本番までがんばりとおす力を与えてくれるでしょう。

家族団らんの場では、「〇〇中学校に入学したらなにがしたい？」「いまがんばっている分、楽しい中学校生活が待っているよ」と明るい未来を想像できる会話をしましょう。

不安や困難と戦いながら努力を積み重ねていく受験は、お子さんにとっていい経験になるはずです。これこそが、中学受験をする真の意味ともいえます。だからこそ、多くのご家庭が中学受験をすることを選ぶのでしょう。ご家族全員が力を合わせて「あと100日」を悔いなく過ごし、笑顔で来春を迎えられることを心より祈っています。

RIKKYO NIIZA HIGH SCHOOL

立教新座中学校・高等学校で身につける これからの時代を担う 新しいタイプのリーダーシップ

立教新座中学校・高等学校では、これからの時代を担う生徒たちに「国籍や文化が異なる人々との垣根を越えるグローバルリーダー」になってもらいたいと、さまざまな形でリーダーシップ教育を行っています。その1つとして、高1次にはキャリア探究活動のなかでリーダーシップを学ぶプログラムがあります。

「共に生きる力」を備えたリーダーを育てる

立教新座中学校・高等学校（以下、立教新座）では、近年、グローバルなつながりがますます広まる現代社会において、「グローバルリーダー」を育てることを教育の大きな柱の1つに掲げています。

立教新座のいう「グローバルリーダー」とは、世界の人々と「共に生きる力」を備えたリーダーのこと。元来、「共に生きる力」を育むことは、立教新座設立以来の教育目標の1つでもありました。

そして、グローバル化が進み、国籍などさまざまなバックボーンが異なる人々がともに生活をする現代においては、この「共に生きる力」はますます必要な力となっていくことでしょう。

立教新座は、国際的な視野を養う「グローバル教育」と、従来とは違いスキルとして磨くことが可能なリーダーシップを身につける「リーダーシップ教育」の2つを通じて、このグローバルリーダーを育成しています。

今回は、そのうちのリーダーシップ教育における取り組みの1つを紹介します。

立教新座では2022年から、高1次に約半年をかけて実施する「キャリア教育探究活動」がスタートしています。

「本校でもキャリア教育はこれまで多様な形で行ってきましたが、単発のものが多く、もっと1つの流れとしてつなげたいという思いのもとで昨年から始まったのが『キャリア教育探究活動』です」（担当の齊藤太郎先生）

左ページの表にもある通り、4月の新入生ガイダンスに始まり、10月の立教大学特別授業まで、約半年にわたってこのプログラムは続きます。

この最初の新入生ガイダンスは、中学から進学する生徒と、高校から入学する生徒が同じクラスに在籍する立教新座にとっては、生徒同士がお互いを知る大切な行事です。ここにリーダーシップ教育も取り入れられています。

「新入生ガイダンスのなかでリーダーシップについて受けた研修で学んだことは『リーダーシップにはいろいろな形がある』ということです。いわゆる、目標・目的を達成するために周りの人たちを引っ張っていくのももちろんリーダーシップですが、立教新座のいうリーダーシップは、それだけではないということを学ぶことができました」（高1・樋口陽万さん）

「リーダーシップを取れることが大事というのは、みんななんとなくわかっているのですが、でも、そもそもリーダーシップとはなんなのか、と言われるとあいまいなところがあると思います。そこをまず研修で学び、そして、リーダーシップを身につけることが今後どういうふうにつながっていくのかを知ることができたのがすごくよかったです」（高1・古屋達成さん）

「この新入生ガイダンスにおけるリーダーシップ教育の狙いとしては、2人が話してくれたように、立教新座のいうリーダーシップとはなんなのか、従来言われているものと

取材に協力してくれた樋口陽万さん（左）、古屋達成さん

新入生ガイダンス（左）と立教大学キャリアセンターによるキャリアガイダンスの様子

キャリア教育探究活動の流れ（予定）

4月	5月	5～9月	9月中旬	9月下旬	10月
新入生ガイダンス	OB講話会	グループワーク	クラス内発表	クラス代表発表	立教大学特別授業
リーダーシップ教育を取り入れたグループ活動	キャリアセンターによる課題発表				

は認識が違うということを知ってもらうことと、ガイダンスでの1つひとつの活動におけるそれぞれの行動も全部リーダーシップを磨くことにつながっているんだよ、ということを体験してもらうことの2つがあります」（齊藤先生）

課題に取り組むなかでも培われるリーダーシップ

キャリア教育探究活動は、この新入生ガイダンスのあと、5月にOB講話会と、立教新座ならではのプログラムがあります。

それが、併設校の立教大学と連携し、大学の入学センターとキャリアセンターから近年の就職動向やキャリアに関するガイダンスを受けることができ、さらに将来について考えつつ、具体的に立教大学の学部のことも学ぶ課題に取り組むというものです。

キャリアセンターから「SDGs」「SNS」などいまのトレンドから10個のキーワードが出され、それに関係する大学の学部・学科を調べたうえで、大学のHPを更新するならどうするか、というテーマが出されます。3～4人の班に分かれてテーマを1つ選び、グループワークを重ねてクラス内やクラス代表での発表につなげ、最後はキャリアセンターから最優秀作品が選ばれます。

「まだ高1の段階ではありますが、多くの生徒は立教大学に進学するわけなので、キャリア教育としては、これをきっかけに大学にどんな学部・学科があり、どんなことを学べるのかを知ってもらえればと考えています。

そして、リーダーシップ教育としては、グループで課題に取り組むなかで1つひとつの行動を通してリーダーシップを学んでほしいということがあります。意見をまとめる役割でも、メンバーを支える役割でも、自分の強みを発揮しながら周りの人たちと課題を進めていくことが学びになります」（齊藤先生）

今回紹介したキャリア教育探究活動の一番の目的は将来について生徒が考えるきっかけを与えることですが、その過程で、立教新座が考えるこれからの社会に必要な新しいタイプのリーダーシップについて自然と学ぶ機会が随所に設けられています。このように、さまざまな教育活動にそのエッセンスが散りばめられ、少しずつ身についていくのが立教新座のリーダーシップ教育と言えます。

最後に、樋口さん、古屋さんに立教新座のよさを聞きました。

「一番のよさは自由なところです。そして、自由には責任がともないます。例えば服装は、私服でも部活動の服でもOKですが、僕のように部活動のシャツを着ていれば、学校名が入っているそのシャツを着て行動することの責任はすごく大きいですよね。自由である一方で、そうしたことを学ぶこともできる、立教新座はそんな学校です」（樋口さん）

「とてもいい先生方ばかりだと思います。僕は中学校から立教新座ですが、先生方は優しく、おもしろい人が多いし、なにより生徒に近い存在でいてくれます。勉強のことに限らず悩みごとの相談にも乗ってもらえます。そういう先生がいる学校ですね」（古屋さん）

School Information〈男子校〉

所在地：埼玉県新座市北野1-2-25
アクセス：東武東上線「志木駅」徒歩15分・スクールバス、JR武蔵野線「新座駅」徒歩25分・スクールバス
ＴＥＬ：048-471-2323
ＵＲＬ：https://niiza.rikkyo.ac.jp/

Event Information

生徒による学校説明会　要予約
9月16日（土）13:30～14:30

S.P.F.（文化祭）
10月28日（土）、10月29日（日）

学校説明会　要予約
11月19日（日）

※詳細が決まり次第学校 HP でご案内します。

ここで学び　ここで育つ

日《に》本《ほん》大《だい》学《がく》第《だい》二《に》中学校［共学校］

School Information

住所：東京都杉並区天沼1-45-33　TEL：03-3391-0223　URL：https://www.nichidai2.ac.jp

※2023年度の行事予定は、学校ホームページをご確認ください。

ＪＲ荻窪駅から徒歩15分。杉並の静かな住宅街にある日本大学第二中学校・高等学校（以下、日大二中高）。明るくおおらかな校風がのびやかな生徒を育てています。

充実した施設でのびのび過ごす6年間

正門を入り、すぐ右手にある建物が図書館と南向きの開放感にあふれた中学校舎です。その奥には理科校舎や多目的コート、食堂や売店などが入る教科専用の教科教室棟があり、中学3年間を過ごす楽しい空間が広がっています。また正門左手には、武道館、体育館、プールが並び、その先に進むと、「杉並百景」にも選ばれた銀杏《いちょう》並木がまっすぐに広がっています。この銀杏並木は学園の創立と同時に植樹されたもので、100年近くにわたり多くの生徒たちの成長を見守り続けています。

並木を挟んで左にあるのが高校校舎（本館校舎）と新装された4面のテニスコート、右手には4コースウレタントラックを有した人工芝グラウンドが大きく広がっています。そして、銀杏並木の最後には芸術校舎と庭園が静かに佇み、都区内にある学校とは思えないほど、各施設がゆったりと配置されています。

この明るくのびのびとした環境が、おおらかな校風と思いやりあふれる生徒育成の礎《いしずえ》となっています。

確かな学力と社会人基礎力の養成

日本大学の建学の精神「自主創造」のもとに行われている日大二中高の教育内容について、広報室長の大木隆先生に伺いました。

「中学ではあわてず急がず、基礎学力を定着させることを第一にしています。いわゆる先取り授業や習熟度別授業などは行っていません。また、特定の科目に特化することなく主要5教科をバランスよく学習することを心掛けています。そして、深く掘り下げた内容まで学習し、時には補習や講習を入れながら中学3年間でじっくりと基礎基本の徹底を図っています。

一方、大学入学共通テストへの対応としては、中3から高3までが対象のGTECで4技能の試験を受験し、高3を除く全学年が1月実施の英検を受験します。さらに一人1台のタブレットPCを導入するなど、ICTの活用も積極的に進めています。このPCは授業中の利用はもちろんのこと、欠席した場合には、各家庭からオンラインで授業を受ける手段としても欠かせないツールの一つとなっています。

中高の6年間は、いろいろな人と出逢い、勉強だけでなく部活動や学校行事等に積極的に参加して、様々な体験をして欲しいと思います。それによって、温かみと思いやりある人間として大きく成長し、社会人基礎力が養われていくことになります」と話して頂きました。

「自主協同」の能力をのばす部活動

何ごとにも真剣に取り組む日大二中高生ですが、部活動にも情熱を燃やしています。23の運動部と19の文化部があり、中学生の約94%、高校生の約89%が、何らかの部活動に参加しています（2022年度）。

「部活動は生徒一人ひとりの成長を様々に支えてくれるものです。周囲を信頼して協調することの大切さも学びます。ある吹奏楽部員が、『ただ同調すればいいというものではなく、一人ひとりが努力を重ね、積極的に表現することで、真の協調が獲得できるんです』と言っていました。本校の部活動では、運動部も文化部も校訓のひとつである『自主協同』の能力を自然と身につけているのではないかと思います。それは『自分を知る』ことにもつながっているのではないでしょうか」と大木先生は語ります。

大学付属でありながら多彩な進路選択が可能

日大二中高の進路指導モットーは、「一人ひとりの幸せを探して」です。生徒自らが生き方を考え、主体的に進路選択が出来るようにしていきます。そのため、中学での生活・学習面談や高校での進路面談は事細やかに行い、学校推薦型選抜や総合型選抜にチャレンジする生徒には、手厚い面接指導のサポートもあります。

日本大学の付属校のメリットを活かして、大学との連携教育も数多く実施しています。中2で行う日本大学理系学部見学では、学部の施設や設備を用いて大学の先生のご指導の下、最先端の技術や研究に触れます。高2では、法学部教授を招いて主権者教育を実施。民主的な社会の形成者としてのあり方を学びます。

進路指導では、外部講師を招いてのキャリアガイダンスや日大の各学部説明会に加えて、日大以外の大学別ガイダンス、適性検査など、主体的な進路決定を後押しする多様なプログラムが中学から実施されています。先輩大学生たちの受験談や勉強の仕方などが聴ける「卒業生に聴く」という行事も人気です。

今春は、短大を含む日本大学への進学が約43%、他大学への進学が46%、残りの約1割が進学準備という結果でした。日大二中高は、日本大学を第一希望とする生徒に対しても、また、他大学への進学をめざして一般受験に臨む生徒に対しても、きめ細かく柔軟に支援をしています。

【タイアップ記事】

School Selection

思考を促す授業で主体的な取り組みを導く「トシコー」の保健体育科

東《とう》京《きょう》都《と》市《し》大《だい》学《がく》付《ふ》属《ぞく》中学校

School Information〈男子校〉

- Address：東京都世田谷区成城 1-13-1
- TEL：03-3415-0104
- Access：小田急線「成城学園前駅」徒歩 10 分
- URL：https://www.tcu-jsh.ed.jp/

東京都市大学付属中学校は、生徒の興味をひきつける授業で思考力や発信力を育み、年々大学合格実績を伸ばしています。今回は保健体育科の授業の様子から、その秘密を見ていきましょう。

思考力や発信力を育む東京都市大付属での授業

首都圏の私立男子校として高い人気を誇る東京都市大学付属中学校（以下、東京都市大付属）。

近年は難関大学への合格実績も伸びていますが、その理由の1つに、普段の授業から疑問に対して生徒自身で考え、発信することを繰り返し行うことで、思考力や表現力を育んでいることがあります。

その一例として、今回は保健体育科の授業を見ていきましょう。

広報部で保健体育科の田中望先生は「生徒たちは直接大学受験にかかわらない体育や家庭などの授業も楽しみながら学んでいます。これらの科目で身につけた物事に対する考え方は社会生活に通じるところが大きく、学校としても大切にしています。また主体的に授業に取り組むことが、新しい学習観に基づく学力を育成するのに役立ちます」と話されます。

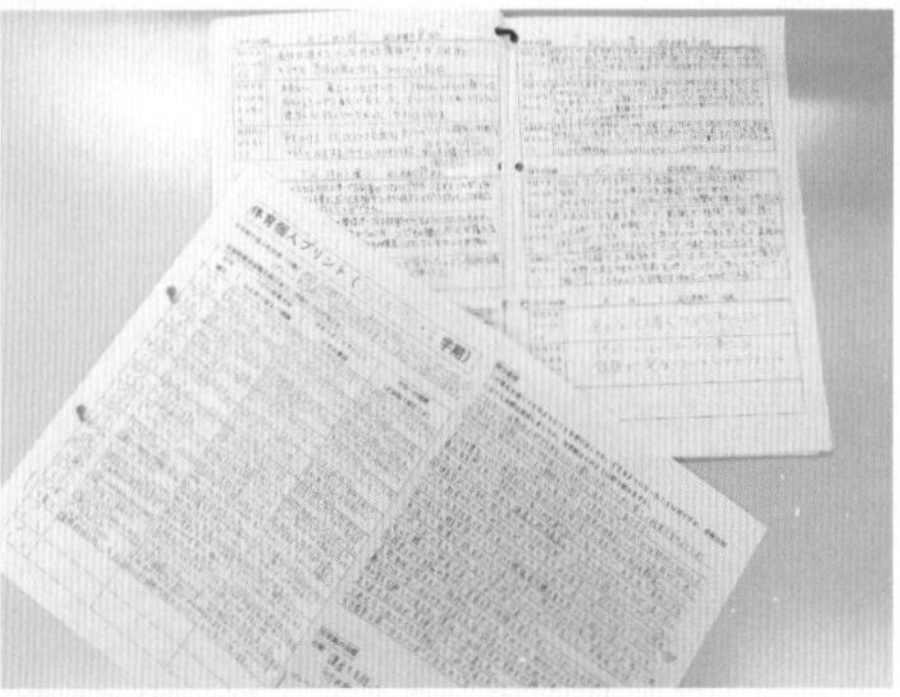

各単元の初めに、まず大きな目標を立てます。単元終了後は目標を振り返り、次の目標を立てます

東京都市大付属の体育の授業では、授業内で感じたことを書き残すことを大切にしています。

中1では、教員作成の「個人プリント」に取り組みます。授業中に気づいた「運動技能向上のためのポイント」「うまくできたこと、できなかったこと」を毎授業プリントに記入します。その日の振り返りを書いたうえで、次の授業の目標を立てます。

「最初のうちは『楽しかった』『うまくいかなかった』という漠然とした感想しか書けない生徒が多くいます。そういった生徒には『どうして？』とその理由を問うていきます。すると、うまくいかなかったことには理由があり、その理由は次の授業で解決すべき課題になるということに気づく生徒が出てきます。また、当初は教員の話した内容をそのまま書く生徒が多くいます。多くの場合、その内容は合理的な課題の解決方法です。ただ、勘のいい生徒は次第に

「先生の言うことがすべてではないな」と気づきます。個人プリントに自分で気づいたことを書くようになり、授業中も率先して課題解決のために努力するようになります」と田中先生。

中2では数人の班で1つの「グループノート」を作成し、グループで課題や目標を共有します。すると、生徒たちは新しい視点に気づき、課題解決のために仲間と協力し始めるようになります。

田中先生はさらに「スポーツではどんなにうまく作戦を立てたつもりでも、必ず成功するとは限りません。勝っても負けても課題が発生します。毎回の授業で自分の取り組みを振り返ることで、自分たちには課題だらけだと気づかされます。スポーツは勝っても負けても楽しいものだから、失敗を恐れずチャレンジすることを生徒たちに求めます。

体育の授業を通じて身につけた『課題を発見する力』『課題を解決する力』『仲間とともに取り組む姿勢』はほかの勉強でも効果を発揮します。体育に真摯《しんし》に取り組んだ生徒たちは人生において得がたいモノを手に入れてくれていると思います」と説明されます。

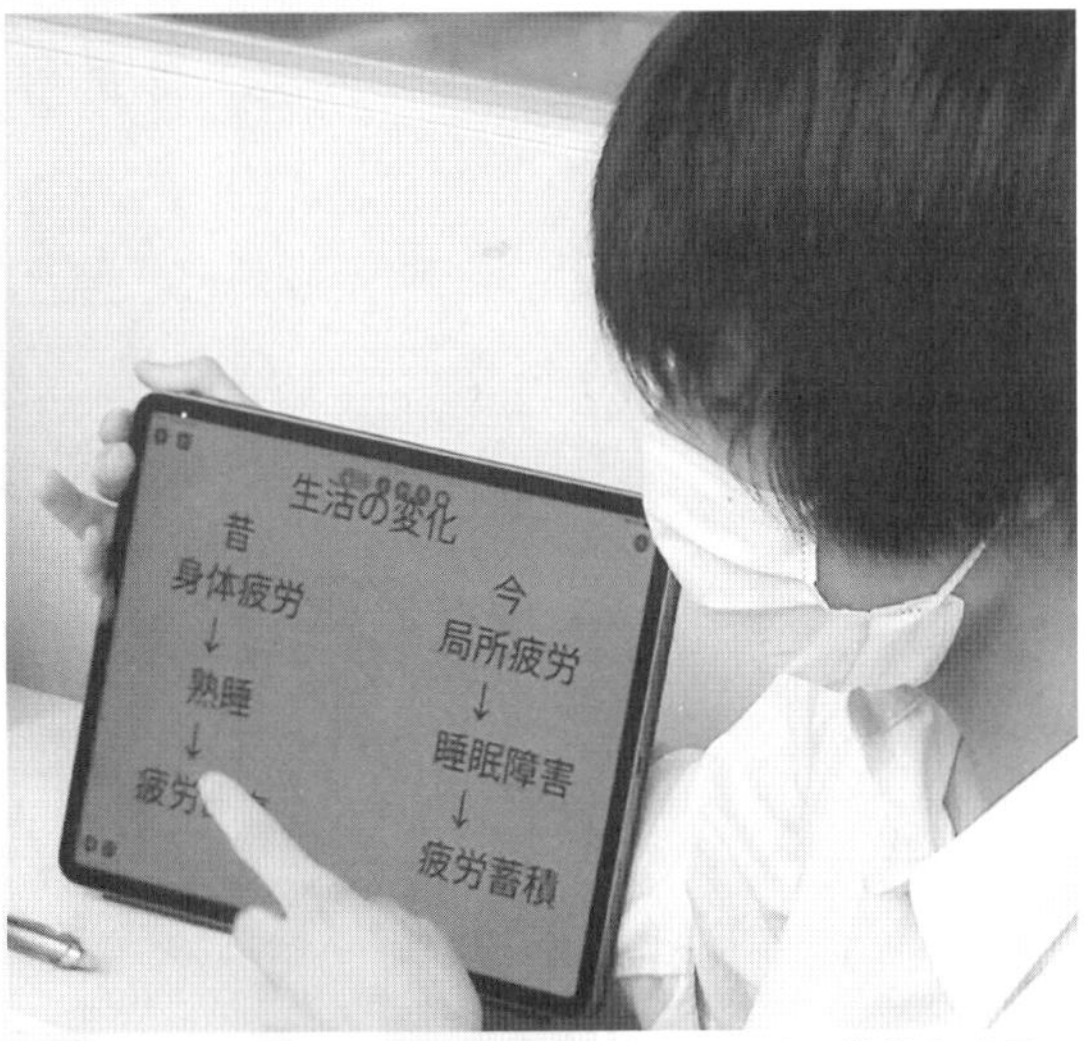

自分で作成したスライドをもとに発表します。準備をすることで単元の内容への理解が深まります

考え方・学び方も重視する保健の授業

保健の授業では1人1台のICT端末や電子黒板を活用した授業を行っています。高1では生徒が先生役になる授業を行いました。教員から各グループにテーマが与えられ、授業内外で生徒たちは情報収集をします。保健の授業では単元の内容と並び、考え方・学び方も大切だと田中先生は話されます。

「中高生の時期に健康的な生活習慣を送ることは、心身を十分に発育・発達させることにつながります。一方、健康についての社会常識は刻々と変化しますので、知識をアップデートする力が必要です。知識も大切ですが、保健に関わる情報を収集する能力や自らの健康について考える姿勢や能力も同様に大切です」（田中先生）

生徒たちは情報を収集し、その内容を発表するための準備をします。

「お互いに発表の内容を講評しあうことは生徒たちにとって貴重な経験です。中高で、人前で発表する経験をできるだけ多く積み、大学以降の学びにつなげてほしいと考えます。また、社会では協働することが求められます。中高生のうちはたくさん失敗し、失敗から謙虚に課題を見つけ、奮起の糧としてほしいですね。私たちは生徒たちがチャレンジし失敗できる場をできる限り多く作りたいです」と田中先生。

東京都市大付属には、ほかにも人前で発表する場が多くあります。

中1・中2では、弁論大会に取り組みます。全生徒が弁論原稿を作成し、各クラスで発表会を行います。各クラスの代表生徒は約500名の前で発表します。

中3ではキャリア・スタディに挑みます。社会で活躍するOBからの講演や企業での研修を通じて「働くとはなにか」について考え、グループごとに発表します。

高1では4000字以上の中期修了論文に取り組みます。執筆後は10名程度のグループで論文発表、質疑応答をします。

自ら考え探究し、表現する主体的な学びを通じて夢を実現する力を身につける東京都市大付属。まずは学校に足を運び、ぜひその雰囲気を肌で感じてみてほしいところです。

Event Schedule

●柏苑祭〈予約不要・人数制限なし〉
9月30日(土)・10月1日(日)
両日とも10：00～16：00

●帰国生・グローバル入試WEB説明会〈要予約〉
10月7日(土)…14：00～15：10

●「授業見学ができる！」ミニ説明会〈要予約〉
10月14日(土)
12月2日(土)
1月13日(土)
すべて10：00～11：30

●入試説明会〈要予約〉
11月19日(日)…10：00～12：30

開智未来中学・高等学校

自然豊かな渡良瀬の地で探究活動が本格化！
一人ひとりの進路実現に向けてさらにパワーアップ

3 I'sで国際社会のリーダーを育てる

開智未来は2011年4月、開智中学・高等学校の「教育開発校」をコンセプトに開校し、13年目を迎えました。開智未来では3 I's（探究活動・英語発信力・つなげる知能としてのICT）を教育の柱として、「知性と人間をともに育てる」さまざまな取り組みを実践しています。また着任3年目の藤井剛校長は、さいたま市の開智中学1期生と開智未来中学1期生をともに6年間育て、開智学園の教育理念や進学実績のノウハウを熟知した校長です。今後のさらなる発展が期待されています。

探究活動

開智未来では、フィールドワークをはじめさまざまな探究活動を行っています。中学1年は長野県飯山での「里山フィールドワーク」です。ブナ林探究や水中生物探究で40ページのスケッチを完成させ、観察・発見・疑問を通じ「探究」の基礎を磨きます。中学2年の福島県での「ブリティッシュヒルズフィールドワーク」では、2泊3日間オールイングリッシュにチャレンジします。中学3年の関西方面での「探究フィールドワークHプロジェクト」では、2日間の個人研究を行うほか、広島で英語の「平和宣言文」を発表するなど、生徒主体の充実した活動を行っています。

さらに高校1年での「才能発見プログラム」では興味関心のある分野について1年間かけて研究し発表を行います。今年度は「盆栽」をテーマにYouTubeチャンネルを開設し、世界に日々盆栽の魅力を発信する生徒もおり、さらに活動もパワーアップしてきました。このプログラムを通じて将来の進路目標が明確になり、学校推薦型選抜の大学入試に活用するなど、大学進学に向けた生徒のモチベーションアップにつながっています。これらの探究活動の学年代表が成果を発表する「未来TED」も開智未来の伝統行事となりました。

長野県飯山での里山フィールドワーク（中１生）

世界水準の思考力と英語発信力

探究活動の集大成である高校2年での「ワシントンD.C.フィールドワーク」（全員参加）では、スミソニアン博物館での自由研究、現地高校生との交流や大学での講義などを体験します。

海外フィールドワークがコロナ禍で実施できない年度においては、中学3年から高校2年を対象に「エンパワーメントプログラム」を校内で実施しています。

《2024年度入試 説明会日程》

	日程	時間	内容
オープンスクール	10月 7日（土）	9:50～11:50	授業見学・ミニ体験授業 学校説明会
	11月 4日（土）		
体験授業	9月23日（土）	9:30～12:00	選択授業２コマ（生徒） 保護者対象説明会
探究型入試演習	10月29日（日）	9:30～11:50	思考力と基礎学力を測る 入試演習 保護者対象説明会
	12月 2日（土）	9:50～11:50	
４教科型 入試解説会	11月26日（日）	9:30～12:00	各教科の作問者による入試解説 入試・学校説明あり
	12月17日（日）		

※すべて予約制です。実施１か月前からホームページよりお申込みください。

■2024年度入試日程　特待生合格枠をさらに拡大！

	1月10日（水）	1月11日（木）	1月12日（金）	1月14日（日）	1月15日（月）
	募集定員120名（T未来クラス60名・未来クラス30名・開智クラス30名）				
午前	＜探究１＞ 計算・読解＋探究科学	＜探究２＞ 計算・読解＋探究社会 または英		＜第２回＞ ４科・３科・２科	＜開智併願型＞ 開智中学「第２回」 の入学試験（４科） 併願判定できます。
午後	＜第１回＞ ２科（国・算）	＜T未来＞ ３科（国・算・理）	＜算数１科＞ 算数		

※開智併願型…開智中学の入試で開智未来中学の合否判定ができます。T未来クラス（特待生）と未来クラスを判定します。
※T未来………T未来クラス（特待生）のみを判定。　※算数１科……T未来クラス（特待生）と未来クラスを判定。

このプログラムは同校生徒5名に対し海外留学生が1名入り、ディスカッション・プロジェクト・プレゼンテーションをすべて英語で行います。これらを通じてグローバル時代になにが必要かを考え抜く5日間です。

ICT活用の最先端校

加藤友信前校長は、情報分野では第一人者で、開智学園全体のICT教育を推進するリーダーです。開智未来では、２０１７年度入学生よりタブレットを段階的に導入しており、現在は、在校生全員がタブレットを所有し活用しています。日常の授業ばかりでなく、課題の指示や提出、探究活動の研究、学校からの連絡事項など、学校生活全般に幅広く活用されています。

とくに２０２０年度の新型コロナにおける休校期間中は、朝のホームルームや健康観察をはじめ、３か月間で２３６０本のオンライン授業動画を配信し、授業を遅らせることなく進めたことにより、卒業生の大学合格実績の躍進につながりました。教育関係者からも、ICT活用最先端校の1校として評価を得ています。

学年代表が探究活動を発表する「未来TED」

開智未来は、募集定員1学年１２０名（高校募集含めて２００名）と少数制で、「1人ひとりを丁寧に伸ばす」をモットーにしています。高校3年次には、難関理系文系・国立理系文系・私立理系文系と進路希望別に6コースで選択授業を行います。

過去3年間の卒業生（４６１名）では、東大3名・京大1名をはじめ国公立大学１１２名、早慶上理G-MARCHに３８２名が合格、また医系コース設置により医学部医学科へ27名合格（既卒含）と、近年、成果が表れてきました。

藤井剛校長からのメッセージ

藤井剛校長

「本校は２０１１年開校以来、学びの技法、哲学の基盤の上に学力と人間をともに育てる学校づくりに邁進しています。ICT環境についてはいち早く最先端の整備を進めたことが、結果的にコロナ禍で大活躍するとともに、生徒のICTスキルの飛躍的向上につながりました。AI（人工知能）の進出を含む激動の社会にあっても、的確に本質を見抜き社会に貢献できる人材、人生１００年時代を迎えるにあたり、深く考え続けることのできる人間的な厚みをもったリーダーを育てていきたいと考えています。

開智未来は、埼玉北端の自然豊かな渡良瀬の地から、学びが本来もつ楽しさ深さを実体験し、最高峰に挑む心豊かなリーダーを世に送りだす教育を発信していきます」

これでキミも迷わない！

志望校選択ナビ

中学受験の第一歩ともいえる志望校選び。たくさんの選択肢のなかから、ご家庭の教育方針やお子さんの性格に合った学校を見つけだす方法を、いっしょに確認していきましょう。

さまざまな視点から学校を見よう

志望校選択は、中高の6年間を過ごす場所を選ぶことでもあります。候補となる学校をどう選べばいいかわからないというかたに向けて、はじめにチェックしておきたいポイントを説明します。

中学受験を行うメリットのひとつに、お子さんの性格や各家庭の教育方針に合わせた学校を選べることがあります。現在、首都圏には300を超える私立中学校があり、各校ともさまざまな趣向を凝らした授業や取り組みが実践されています。

多様な選択ができる一方で、いざ受験校を検討しようとなった際には、どうやって学校をしぼっていけばいいのか、とまどうご家庭もあるのではないでしょうか。数多くある学校の情報をひとつずつ調べていくのは簡単ではありませんから、つい、偏差値や知名度などの、わかりやすい「ものさし」を頼りに判断をしてしまいがちです。

保護者のみなさまには、そのような偏った評価のみを参考にするのではなく、ぜひ、いろいろな視点から学校を見て、お子さんの将来を考えた選択を行っていただきたいと思います。

重視することをあらかじめ確認しておく

志望校決定の際に重視する点は、ご家庭によっても異なるでしょう。校風や教育方針に加えて、「共学校か、男子校（女子校）か」「通学時間は適正か」なども気になるところです。

また、「入試を突破する力が身についているか」も重要です。その学力をはかる指標が「偏差値」ではあるのですが、それだけを参考にしてしまうと、入学後に「あれ？」と感じることもあるかもしれません。後述する志望校選びのポイントも参考に、どんな学校生活を送りたいのかを、親子でよく話しあいましょう。

学校のイベントは雰囲気を知るチャンス

今年も5月ごろから、説明会や見学会などのイベントが開催されています。パンフレットやホームページで情報発信する学校も多くありますが、実際に施設や在校生を見ることでしか得られないものもあるはずです。気になっている学校には、可能なかぎり足を運んでみましょう。

また、「志望校だからイベントに参加する」という姿勢ではなく、それに参加したうえで受験を検討すると、よりよい選択ができると思います。

アフターコロナの対策を学校ごとにメモしよう

コロナ禍の3年間、前述した学校説明会などのイベントは、変則的な実施を強いられてきました。

2020年は受験生の密を避けるため、各校は対面での学校説明会の実施をあきらめ、合同学校説明会も軒並み中止となりました。翌年はオンライン説明会が主流となり、以降はリアル説明会とオンライン説明会を併用しての実施へと移りました。

さてこの夏は、5類感染症への移行を受け、各校とも学校説明会はリアル説明会へと回帰しています。ただし油断は禁物です。学校ごとの独自の感染予防対策は、入試当日の対応にも通じていることに留意し、その対応をメモしておくことも大切です。

志望校選びのポイントいろいろ

校風や学校文化

私立中学校は独自の建学の精神や教育理念によって設立・運営されています。「面倒見がよくて指導が手厚い」「伸びのび過ごせる」「課外活動にも力を入れている」など、校風や学校文化もそれぞれに異なります。

その環境がお子さんに合っているかどうかは、外部からでは判断できない部分もあると思います。その学校の在校生、卒業生から話を聞いて、雰囲気をつかんでおくことがおすすめです。

男子校・女子校・共学校

異性の目を気にせずに、自分らしさを発揮しやすいことが魅力の男子校・女子校。一方で共学校には、男女のちがいを学びながら、お互いの長所・短所を認めあう力を養えるというよさがあります。

また、校数は少ないですが、同じ学校にいながら、授業は男女で分かれて行う別学校もあります。行事や部活動を男女合同で行うかどうかは、その学校によって対応がさまざまです。

どんな学校生活を送りたいのか、お子さんの希望も聞きながら学校をしぼってみてください。

大学附属校・進学校

大学受験にとらわれず、時間のゆとりをいかした幅広い学びが経験できる大学附属校。その人気は近年ますます高まってきています。系列大学以外へ進学する場合に備えて、受験のサポートがあるかどうかを確認しておくと安心です。

一方、ほぼ全員が大学受験を行う進学校には、受験に向けて友人と切磋琢磨しながら、着実に力を伸ばせる学習環境が整っています。お子さんの精神面の成長にもプラスとなるはずです。

通学時間

多くの生徒は、公共交通機関を利用して私立中学校へ通っています。中高6年間にわたることを思うと、通学は往復3時間以内で考えることが現実的です。時刻表などで、利用する予定の電車やバスの利便性を確認しておきましょう。

また、通学時間帯の混雑状況や、乗り換えの回数なども押さえておきたいポイントです。

学校の宗教的背景

私立校のなかには、キリスト教や仏教の教えを教育の理念にしている学校もあります。規律やしつけを重んじ、人間性の涵養を掲げる学校が多いのが特徴です。もちろん、信者以外も受験することができます。

◇

このほかにも、確認しておきたいことがらとして、以下のようなものが考えられます。

- **大学進学実績**
- **入りたい部活動**
- **6年間で支払う学費**

いずれも入学後の学校生活をしっかりとイメージし、それを親子で共有しておくことが大切です。

併願校選びは「3段階」がコツ

このページでは併願校の選び方を3つの段階に分けてご紹介します。順を追って計画的に受験校を検討していけば、お子さんにとって本当に魅力的な学校が浮かんでくるはずです。

どんな中学校に進学したいか、じゅうぶんにイメージをふくらませることができたでしょうか。ここからは、夢の実現をより確実にするための、併願校の選び方についてみていきましょう。

各都県には入試解禁日が定められており、その日から数日にわたって、それぞれの学校で入試が実施されます。私立中学校は受験する校数に上限がありませんので、入試日や試験の時間が重なってさえいなければ、何校でも受けることができます。

入試は毎年、多様な形態・内容で行われていますので、チャンスに応じてたくさんの学校を受けてみようと考えるかたもおられるかもしれません。しかし、第1志望校（本命校）も含めて、3～5校を受験するのが一般的といわれています。試験疲れで息切れしてしまわないためにも、併願校を適切に選択していくことが合格のカギを握ります。

その1 まずは第1志望校を決定しよう

第1志望校を決定しないことには、併願校選択も始まりません。なぜなら、その学校の試験日を基準にして受験のスケジュールを考えていくことで、併願校が選びやすくなるからです。まだ本命校をしぼりこめていないという場合は、ここからスタートしましょう。

第1志望校は遅くとも、6年生の11月ごろまでに決定できていると安心です。お子さんが受験期を迎える前のご家庭も、5年生以下を対象とした説明会などに参加して早めに情報を集め、6年生の前半までに、第1志望の候補となる学校をいくつか選んでおけるとスムーズです。

その際に大切なのは、お子さんが「ここで学びたい」と思える学校を選ぶことです。もし、現段階の学力より上位の学校を本命校に決めた場合は、より確実に「合格」を手にするため、併願校は合格可能性の高い学校を選択するようにしてください。

また、第1志望校を早めに設定すると、さまざまなメリットがあります。目標が明確になって勉強へのモチベーションが高まり、お子さんがいっそう意欲的に学習へ取り組むということもあるでしょう。また、志望校が定まらないまま勉強をつづけるよりも、目標達成のために努力をする方が、高い学習効果を得られることもあると思います。

さらに、志望校を早期に設定できると、その分入試の対策もしやすくなります。出題傾向の分析や、苦手な分野への対策にも時間を割けるため、自信を持って本番当日を迎えることができるはずです。

その2 判断基準は平均偏差値で

第1志望校が決まったら、つづいて併願校の検討に移りましょう。受験校を決める際には、つぎにあげるふたつの点に注意してください。

①偏差値の確認は入念に行う
②難易度の高い学校ばかりを受験校に選ばない

①の「偏差値」とは、お子さんがいままで受けてきた模試の平均値のことをいいます。この数値がいつも安定していて、大きな変動がない、あるいは上昇をつづけている場合は、特別に留意する必要はありません。

ここで気をつけたいのは、模試ごとの数値にムラがある場合です。つい、成績がよかったときの数値を参考にしてしまいがちですが、たまたま得意な問題が出題されて、模試との相性がよかったということもありうるのです。併願校を決めるときは、いい結果も悪い結果も含んだ「平均偏差値」を基準にするようにしましょう。

項目②における「難易度の高い学校」とは、後述する「チャレンジ校」のことです。

実力以上の学校ばかりを受けていると、試験のできばえによっては、受験生が「どこにも受からなかったらどうしよう……」と不安を抱え、本来の実力が発揮できなくなってしまうことも考えられます。

高い目標に向かって努力するのは悪いことではありません。しかし、安心して試験当日を迎えるためにも、実力を上回る学校だけを受験するのは避けるようにしましょう。

その3 偏差値ごとに併願校を区分する

ここまでのふたつの段階をふまえたうえで、いよいよ併願校を決めていきましょう。このときは平均偏差値を基準に、受験する候補校を「チャレンジ校」「実力適正校」「合格有望校」の3つに分けると選びやすくなります。

①チャレンジ校：偏差値が合格率50%のラインに到達している、もしくはその前後に位置する学校

②実力適正校：偏差値が合格率80%のラインに到達している、もしくはその前後に位置する学校

③合格有望校：偏差値が合格率80%のラインを確実に超えている学校

右記を参考に、平均偏差値から5ポイント程度上を「チャレンジ校」、上下3ポイント程度が「実力適正校」、5ポイント程度下は「合格有望校」という幅で検討してみてください。

同じレベルの学校をいくつも受けるのではなく、さまざまな偏差値の学校を受験することが、より確実な合格へとつながります。受験生も余計なプレッシャーを感じずに、第1志望校へと向かっていけるはずです。

併願校選びのおさらい

第1志望校を決定

併願校選びは、第1志望校を決めることから始まります。本命校の入試日を基準にして、併願校の受験スケジュールを立ててみましょう。

平均偏差値をチェック

模試の成績は、その日のコンディションにも左右されるものです。よい偏差値だけでなく、悪いときも合わせた平均偏差値で判断しましょう。

受験校選択は「3段階」で

平均偏差値をもとに「チャレンジ校」「実力適正校」「合格有望校」の3段階で志望校を選択することが、確実な「合格」への近道です。

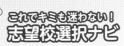

実際に入試日程を考えてみる

ここでは東京・神奈川の受験を例にとり、チャレンジ校を第1志望校とした場合にどう日程を組むのがよいか、ケース別に考えます（ケース1～3ではいわゆる「試し受験」は除きます）。

ケース1

2月1日（午前）に第1志望校を受験

1日（午前）に第1志望校を受験する際には、午後または2日以降の併願校の選び方がポイントになります。まずは第1志望校の合格発表の日時を把握して、1日午後・2日以降の併願校を決定しましょう。

たとえば第1志望校の合格発表が当日中に行われる場合は、午後には合格有望校を受験しておくと安心です。第1志望校で思うような結果が得られなくても、午後の併願校で合格できれば、落ちついた状態でその後の受験にのぞめるからです。

発表が後日行われる場合は、合格有望校を1日午後以降のどこに組みこんでも問題ありません。ただし2日にもチャレンジ校や実力適正校の受験を考えている場合は、3日は合格有望校を併願しておくことをおすすめします。

ケース2

2月2日に第1志望校を受験

第1志望校の入試が2日にある場合、ほかのケースに比べて競争率が高くなることが予想されます。なぜなら、その学校をチャレンジ校・実力適正校・合格有望校として考える受験生が一堂に会するため、必然的に受験者数が多くなるからです。

また、1日に受けた併願校の合格発表が即日行われる場合は、その結果を知ったうえでの受験にもなります。合格を手にできなかったとしたら、第1志望校の受験に大きな影響がでてしまうことも考えられます。

気持ちを切り替えてのぞめれば一番よいのですが、もしものときに備え、2日には第1志望校に加え、もう1校、合格有望校の出願も検討しておくとよいでしょう。初日の結果によって、どちらを受験するか臨機応変に対応していきましょう。

ケース3

2月3日以降に第1志望校を受験

3日になると、周囲には本命校に合格した受験生もでてくるでしょう。ついまわりのようすが気になってしまい、勉強が手につかなくなることも考えられます。

このケースでなによりも重要なのは、最後まで受験勉強に集中できる環境をつくることです。1日・2日、もしくは両日ともに合格有望校を組みこむことで、受験生が心身ともに余裕を持って受験にのぞめるようにしましょう。

ほかの受験生のようすにまどわされず、体力・集中力を維持することがとても大切になってきます。受験生の体調やようすを気にかけて、万全な状態で第1志望校の受験に取り組めるよう、保護者のかたによるサポートをぜひともお願いしたいと思います。

このように、中学受験では第1志望校の受験をどこにおくかを基準に、併願校の入試日程を組んでいくことが非常に重要になってきます。左ページには併願パターンの基本例も掲載していますので、あわせてご覧ください。

知っておきたいお役立ちテクニック

①「試し受験」をする

首都圏では、千葉や埼玉の学校が1月に入試を行っており、こうした学校の入試を、場慣れするための「試し受験」として受験するケースがあります。近年は、各校へのアクセスが容易になったことで、「お試し」ではなく、入学を前提に試験を受ける受験生も見受けられるようになりました。

自信をつけるための試し受験ですが、いい結果が得られなかった際は、むしろ自信をなくしてしまいます。不用意な受験は控え、受験生の性格や実力を考慮して検討しましょう。

なおコロナ禍だったこの3年、感染予防の観点から、ひとりあたりの併願校数は減少傾向にありましたが、5類移行を受けた現時点では減少に歯止めがかかり、平均5校となることも考えられる状況です。

②「午後入試」を有効に使う

受験の際に、すでに「合格」を

併願パターンの基本例

（東京・神奈川の中学校を中心に受験する場合）

併願パターンの例を参考に、ご家庭に合った併願パターンを組んでください。

基本パターン

チャレンジ校と合格有望校をほどよく受験

	1月中	2月1日	2月2日	2月3日	2月4日以降
チャレンジ校		B校			F校
実力適正校				E校	
合格有望校	A校	PM C校	D校		G校

・1月中に確実に合格できる学校を試し受験。
・2月1日午前の第1志望校（B校）のあとは、午後に合格有望校を組む。2日には偏差値マイナス5程度の合格有望校。
・3日までに合格できれば4日以降はチャレンジ校、残念な結果なら合格有望校を受験する。

安全パターン

第1志望校の前に合格を

	1月中	2月1日	2月2日	2月3日	2月4日以降
チャレンジ校			D校		F校
実力適正校		PM C校		E校	
合格有望校	A校	B校			G校

・第1志望校（D校）受験の前に、確実に合格できる学校を受験しておき、余裕を持って2月2日の第1志望校にのぞむ。
・4日以降は3日までの結果次第で決める。

チャレンジパターン

強気でいくならつづけてチャレンジ校を受験

	1月中	2月1日	2月2日	2月3日	2月4日以降
チャレンジ校		B校	D校	E校	
実力適正校	A校				
合格有望校		PM C校		F校	G校

・1月中は実力適正校で力試し。
・2月1日、2日はチャレンジ校に挑戦する。できれば1日の午後入試は合格有望校を。
・3日は2日までに合格を得られなければ合格有望校にし、合格校があれば、さらにチャレンジ校に挑戦。

得ているのと、いないのとでは、精神面で大きな差がでます。早い段階で合格を手にするため、午後入試も検討してみましょう。

ケース1のように、1日午前に第1志望校を受験する場合は、午後は合格有望校を受験しておきたいところです。午前・午後ともよい結果をだせれば、さらに上のチャレンジ校に挑戦することも可能になります。ケース2、3も同様に午後入試を有効に使ってください。

ただ、1日で2校受験するのは、受験生にとって身体的、精神的に大きな負担となります。午後まで体力・集中力がもつかどうか、お子さんの性格をよく見極めましょう。

学校説明会に行ってみよう

学校説明会は、データや偏差値からは見えてこない、学校特有の空気感を知る絶好の機会です。ここではオンライン・校内での開催いずれにおいても、注目しておきたい点についてまとめました。

すでにお伝えしてきたとおり、志望校を決める際には、受験生向けに開催されているイベントに参加し、情報収集をすることが大切です。

新型コロナウイルス感染症への対策のため、こうした催しをオンラインで開催する学校も増えましたが、今季は再び、各校ともリアル説明会を多く行う態勢へと回帰しています。学校の息遣いを感じることができるこの機会をのがさず、ぜひ自分の目と耳で学校を感じてください。

学校説明会で注目すべきポイント

説明会では教育理念やカリキュラム、学校生活について、先生や生徒から話を聞けます。貴重な対面の機会ですので、身だしなみは整っているか、表情がいきいきとしているかなど、在校生や先生のようすに注目しましょう。校舎や設備の充実度も確認すべきポイントです。外観や敷地面積だけでなく、最新の設備がそろった新校舎なのか、伝統的な校舎を大切に使いつづけているのかにも校風は表れます。学校生活をイメージしながらチェックしてください。

そのほか、多くの学校が文化祭などの行事を公開したり、授業体験を行ったりと、学校について知ることができる機会を複数用意しています。詳しくはページ下の「受験生向けそのほかのイベント」をご確認ください。

早めの情報収集がカギとなる

受験生向けイベントの情報は、各校のホームページや進学情報誌などに掲載されています。完全予約制で人数を制限している場合も多く、予約開始から短時間で枠が埋まってしまうイベントもあります。気になっている学校のイベントは、早い時期から「日時」「場所」「持ちもの」「参加方法」「予約の有無」「対象学年」などをチェックしておき、確実に参加できるようにしましょう。

また、すでに述べたように、第1志望校以外の学校の説明会にも足を運ぶことをおすすめします。複数の学校説明会に参加することで、各校の特徴や共通点がよりはっきりとみえてきます。これらは志望校選択の大きなヒントになり、受験生のモチベーションアップにもつながっていくはずです。

中高6年間という大切な時期を過ごす学校ですから、入学後に「イメージとちがった」とならないよう、あらゆる角度から学校を知ることが肝心です。学校説明会をうまく活用しながら、お子さんにぴったりの学校を見つけてください。

受験生向けそのほかのイベント

【オープンスクール】
受験生対象の体験型イベント。授業や部活動などに参加することができます。

【入試問題解説会】
入試問題の解説や入試模擬試験が行われます。受験期に近い12月、1月に実施されることが多いです。

【個別見学会】
学校説明会以外に見学の機会を設けている学校もあります。個別見学会は１家族単位で学校見学や相談ができる機会で、多くは予約が必要です。

【文化祭・体育祭など】
一般公開している行事は学校見学のよい機会です。とくに文化祭・体育祭は例年、多くの学校で受験生や一般の来場者に公開されています。コロナ禍で非公開としていた学校も、今年は受験生を受け入れるところが多いです。

【合同説明会】
複数の学校が集まって行う合同説明会のメリットは、一度にいろいろな学校の情報を得られるという点です。今年は抽選制など、人数や時間帯を制限して開催されるものもあるようです。

Think
&
Share
※ 状況によって日程は変更になることがありますので、
学園のホームページで必ずご確認ください。
■入試説明会等日程　＊要Web申込
6年生対象入試説明会
第1回　9月23日(土・祝)　10:00~12:00
第2回　9月23日(土・祝)　13:30~15:30
第3回　10月22日(日)　10:00~12:00
第4回　11月18日(土)　13:30~15:30
第5回　12月10日(日)　10:00~12:00
※説明会終了後にご希望の方には施設見学があります。
5年生以下対象学校説明会
第1回　10月21日(土)　13:30~15:30
第2回　11月19日(日)　10:00~12:00
第3回　12月　9日(土)　13:30~15:30
※説明会終了後にご希望の方には施設見学があります。
獅子児祭(学園祭)
9月17日(日)　9:00~16:00
9月18日(月・祝)　9:00~16:00
※詳細はHPをご覧ください。
●本科コースと理数コースの2コースを募集
●2月1日(木)午後 算数特選入試の実施
●海外帰国生の優遇措置制度あり
世田谷学園　中学校　高等学校
SETAGAYA GAKUEN SCHOOL
〒154-0005 東京都世田谷区三宿一丁目16番31号
TEL(03)3411-8661　FAX(03)3487-9113

海城学園は、時代が求める
「新しい学力」
「新しい人間力」
を育成していきます。
www.kaijo.ed.jp/
ともに歩もう、君の未来のために。
未来を生きるために必要な力とはなんだろう。それを学ぶには、
どんな教育が必要だろう。私たちはいつも考えています。
未来に向けて一生懸命努力する君たちと、ともに考え、悩み、
感動しながら歩いて行く。知識を伝え、学力を伸ばすだけでなく、
生徒と一緒に明日を見つめ、いつも彼らを応援する。
それが海城の教育です。
リベラルでフェアな精神を持った「新しい紳士」を育てる。
海城中学高等学校
〒169-0072　東京都新宿区大久保3丁目6番1号　電話03（3209）5880（代）
交通 JR 山手線「新大久保」駅から徒歩5分・地下鉄副都心線「西早稲田」駅から徒歩8分

高く大きく豊かに深く

豊かな自然のなかで最先端教育を！

共学校

日本《にほん》大学《だいがく》第三《だいさん》中学校

School Information

所在地：東京都町田市図師町11-2375
アクセス：JR横浜線・小田急小田原線「町田駅」バス20分、JR横浜線「淵野辺駅」バス13分
京王相模原線・小田急多摩線・多摩都市モノレール「多摩センター駅」バス15分
TEL：042-789-5535　**URL**：https://www.nichidai3.ed.jp/

●学校説明会（要予約）
10月28日（土）　11月25日（土）
1月13日（土）　各13:45～15:00
●オンライン説明会（要予約）
9月16日（土）　13:30～14:30

基礎学力の徹底的な習得

日本大学第三中学校（以下、日大三）は、『明・正・強』を建学の精神とし、これからの社会で活躍できる人間の育成に取り組んでいます。キャンパスは都内でも屈指の広さがあり、のびのびとした学校生活を送ることができる恵まれた環境です。

2021年8月、全国で初めて中高一貫校における5G通信環境を作り上げ、先進的なICT教育を推進し、探究学習とともに学習効果を上げています。中学・高校合わせて2000人近い生徒全員にタブレット端末（iPad）が貸与されているため、図書室の一角にある「ICT推進室」には、システムエンジニア（SE）が常駐し、機器の不具合や故障にその場で対応し、ネットワークを介してのトラブルなども未然に防げる万全な体制を整えています。教員も、授業で使用する新しいアプリのリサーチなどもICT推進室で行うことができるため、授業内容の質問に、動画を作ってわかりやすく説明するなど、学習のサポートにも使われています。

校舎全景

また、2年前より学年ごとに探究的学習を展開しています。思考が柔軟で多くのことを吸収できるこの時期だからこそ、探究的な学習では心に響く体験からの学び、お互い刺激を与え合い切磋琢磨できる仕組みづくりを大切にしています。日大三はいわゆる先取り授業などはせず、基礎からじっくりと学び、中学校で身につけるべき学力をしっかりと養っていきます。中学の学習内容を定着させることが、のちの高校・大学・社会での基礎になると考えています。

『選抜クラス』から『特進クラス』へ

基礎学力の徹底的な習得をめざす一方で、中3からは『選抜クラス』を設置（1クラス）しています。多様化する生徒の進路希望に応えるために、成績上位者で構成される『選抜クラス』は、より高度で発展的な内容を習得できる授業を展開しています。このクラスの多くは、高校でも『特進クラス』に進学し、京都大学や東京工業大学といった国公立大学、慶應義塾大学や早稲田大学といった難関私立大学への進学実績を残しています。

授業風景

東京大学　一橋大学　防衛医科大学校に現役合格！

2023年度大学入試において、東京大学、一橋大学、防衛医科大学校（医学科、看護学科）、筑波大学の現役合格者は中高一貫生でした。また、日本大学の付属校としての特徴を活かし、3年間の評定や基礎学力到達度テスト（付属校統一のテスト）などによって、ほとんどの生徒が日本大学への内部推薦の資格を得ています。毎年4割程度が日本大学に進学し、5割以上の生徒が他大学に進学しています。日大三は生徒の志望進路を手厚くサポートしています。

SCHOOL DATA

所在地：神奈川県川崎市麻生区栗木3-12-1　**アクセス**：小田急多摩線「栗平」徒歩12分、小田急多摩線「黒川」・京王相模原線「若葉台」スクールバス
TEL：044-987-0519　**URL**：http://www.toko.ed.jp

夢を実現するためのプログラム
桐光学園中学校《とうこうがくえんちゅうがっこう》
〈別学校〉

2023年度大学入試で、旧帝大、東工大、一橋大など国公立大101名、医学部医学科23名、早慶上智177名、MARCH理科大572名の合格者を輩出した桐光学園中学校・高等学校（以下、桐光学園）。生徒の進路を実現するための特色ある2つのプログラムをご紹介します。

ドミニク・チェン教授（早稲田大学）

知的好奇心を喚起する「大学訪問授業」

桐光学園は、非常に高い専任率を誇る教員集団が生徒の個性を伸ばすために、きめ細かいサポートを実践しています。また、男子と女子とは成長曲線や適した指導法が異なることから、それぞれの特性をいかした別学教育を行っています。

その魅力的なプログラムの1つ目は、2004年から開催している「大学訪問授業」です。毎年、各分野の第一線で活躍される先生がたを招いて、専門分野の講義をしていただきます。これまでに、ノーベル化学賞受賞の根岸英一氏、ジャーナリストの池上彰氏、新国立競技場をデザインした建築家の隈研吾氏、棋士の羽生善治氏、ミュージシャンの坂本龍一氏などが講演されました。

このプログラムは生徒の知的好奇心を喚起するとともに、進路選択のきっかけにもなっています。参加した生徒が、その先生の大学での講義を受けようと、その大学をめざした例は少なくありません。講義の内容は毎年書籍化されています。

600を超える講座を誇る「講習制度」

2つ目にご紹介するのが「講習制度」です。桐光学園では高校2年生から、面談や進路指導ガイダンスを経て、生徒各自の希望により「国立大学文系」「国立大学理系」「私立大学文系」「私立大学理系」のなかからコース選択をします。それぞれに志望大学の受験に備えた授業が設定されており、加えて年間600を超える講座を備えた「講習制度」が第一志望の大学に最後までこだわる生徒をサポートします。講習には、「通常講習」（平日放課後75分）と「ユニーク講習」（土曜日放課後50分〜）、さらに「夏期講習」（75分）があります。これは高い専任率を誇る同校だからこそ可能なプログラムです。

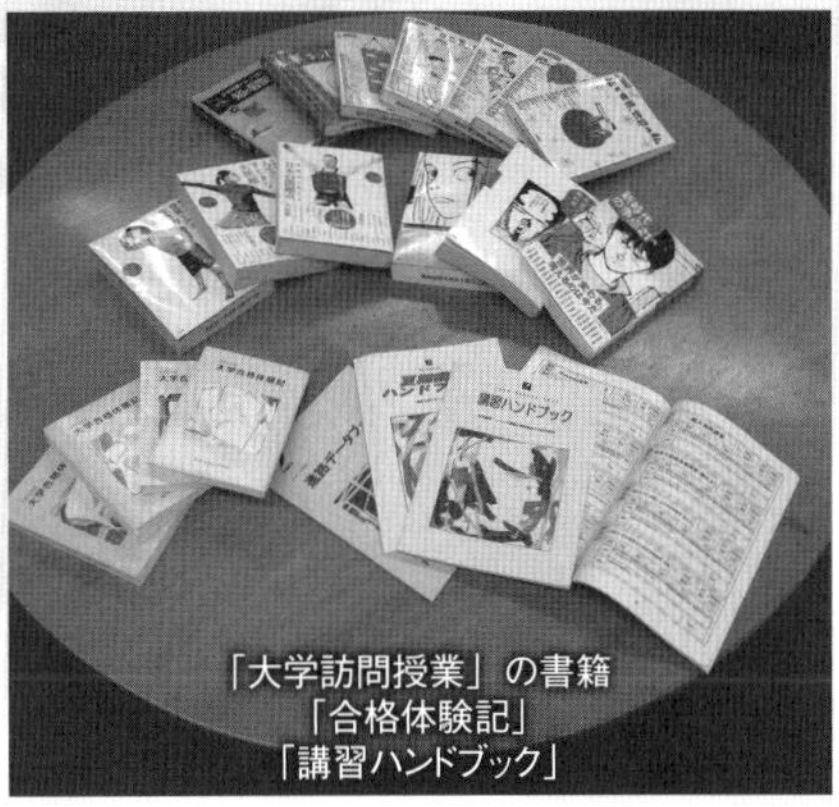
「大学訪問授業」の書籍
「合格体験記」
「講習ハンドブック」

各自に配布される「講習ハンドブック」には、基礎を定着させる大学別に特化した受験講座から対策講座まで設定されています。生徒は志望大学などを考慮して講座を選び、授業と組み合わせて、オリジナルのカリキュラムを作ることができます。

桐光学園には、運動部20種、文化部31種の部活動があり、関東・全国レベルで数多く活躍しています。この「講習制度」を利用することで、生徒は学習との両立ができ、部活動を最後まで続けることができるのです。「講習制度」は、基本的には塾・予備校に依存せず、生徒1人ひとりの学力向上を支え、「第一志望大学付属桐光学園」を実現させるためのプログラムなのです。

■校内説明会　※すべてWeb予約が必要です。

■中学校説明会
9月17日（日）　10月28日（土）
11月11日（土）　12月24日（日）
※9/17以外本部棟視聴覚室

■輝緑祭（文化祭）
9月23日（土・祝）
※個別入試相談コーナーあり（予約不要）

■中学校入試問題説明会（動画配信予定）
12月 2日（土）〜

■中学校帰国生対象入試問題説明会（動画配信予定）
11月 6日（月）〜

■3B入試（英語資格入試・T&M入試）入試説明会
10月 7日（土）

英語資格：英検3級以上またはそれに準ずるもの
T ＆ M：各種競技会・コンテスト・資格試験などで努力し続け、さらに伸ばしたい人

タイアップ記事

Find Your Mission 新しい自分に出会う学校

聖園女学院《みそのじょがくいん》中学校

School Information

所在地：神奈川県藤沢市みその台1-4
アクセス：小田急江ノ島線「藤沢本町駅」徒歩10分、「善行駅」徒歩15分
TEL：0466-81-3333　URL：https://www.misono.jp/

上智大学・和泉伸一教授による出張講義

学問に垣根はありません

聖園女学院中学校（以下、聖園）では、カトリック校ならではの中高大連携の取り組みを進めています。東のカトリック総合大学・上智大学とは、２０２２年度に教育連携校となりました。春期講習として外国語学部・和泉伸一教授による出張講義が行われるなど、受験を控えた高校生だけでなく、中学生のうちから先輩と一緒の場で刺激を受け、自分の進路をじっくりと探究していける点も中高一貫校の魅力のひとつです。

和泉教授の講義は英語で行われ、普段の学習の成果を発揮しながら、質疑応答を楽しむ生徒の姿がみられました。「学校の授業と大学の学びがつながっていることを実感した」「失敗を恐れずに、英語を積極的に使っていきたい」という感想そのままに、英語学習のモチベーションをますます高めていました。

上智大学理工学部での実習

上智大学四谷キャンパスにも足を運び、理工学部・荒井隆行教授の指導も受けています。講義やコンピューター室での実習、施設見学など盛りだくさんのプログラムに参加した生徒は、めったに体験できないような、最新の設備と技術に触れて目を輝かせていました。「文系理系に垣根がないことを知りました」という率直な感想があがったことも、大きな収穫のひとつです。

「本校では、中・高を通して文・理などの志望分野によるクラス分けをしていません。進路を『人生そのもの』と考えている私たちにとってはごく自然なあり方です。自分と向きあい、家族や周りの人を知り、少しずつ社会に対する理解を深めていった先に『将来どんな自分になって、『使命』を果たしていくのか』を見いだしていく。一人ひとりの背中を押せるような取り組みを、今後も続けていきます」（鐵尾千恵先生）

南山大学人文学部の進路特別講座

コミュニケーションとは、互いに伝え合うこと

聖園は、名古屋にある西のカトリック総合大学・南山大学を中心として幼稚園～大学院を擁する学校法人南山学園の一員です。昨年の夏休みには中３から高３を対象として南山大学 国際教養学部・人文学部・経営学部・理工学部教授による進路特別講座が開講され、昨年秋にも中３向けに模擬講義が行われました。

「心理と人間関係」「絵本を通した異文化コミュニケーションとＳＤＧｓ」など、身近なテーマを出発点にした講義やワークショップを通して、生徒たちは「コミュニケーションは誰かが我慢するものではなく、互いに伝えあうもの」「いちばん好きな本は、自分自身が何者であるかを少なからず表現している」など、新たな視点で物事をとらえるようになっています。聖園から南山大学へは毎年40名の推薦枠が設けられ、年々、進学を希望する生徒が増えています。

説明会・イベント情報

◆学校説明会
10月14日（土）9:30～
11月25日（土）9:30～
◆ナイト説明会
9月29日（金）18:30～
◆帰国生説明会
10月18日（水）※動画配信
◆入試直前相談会
（6年生限定）
12月26日（火）10:00～
1月11日（木）10:00～
※すべて予約制です。

志《ゆめ》なき者に成功なし

足《あ》立《だち》学《がく》園《えん》中学校

東京都 足立区 男子校　https://www.adachigakuen-jh.ed.jp/

君はなんのために勉強していますか？　すべての人の心には気高い想いが潜んでいます。
それを自覚し、人生でなにをするのかを探究することで志が育まれます。
将来の日本、世界、地球のことを考え、自分がなにを成すべきかを一緒に探しませんか。

SCHOOL DATA

所在地：東京都足立区千住旭町40-24　**TEL**：03-3888-5331　**アクセス**：JR線ほか「北千住駅」徒歩1分、京成線「京成関屋駅」徒歩7分

守破離《しゅはり》で4Jを高める「志共育」

足立学園中学校（以下、足立学園）は、「質実剛健・有為敢闘」を建学の理念とし、地元のかたがたの熱意によって創立されました。教育目標は「自ら学び 心ゆたかに たくましく」。誠実でたくましく、優秀で社会の役に立ち、最後までやり遂げる人財の育成をめざしています。

すべての人の心の奥底に潜んでいる気高い想いである志を引きだし、ともに育む「志共育」を行っています。志があれば努力することができ、将来を自ら切り拓き、世のため人のために活躍できる人となれます。そのために、守破離の段階に応じたさまざまな教育活動で、4J（自尊心・自信・自負心・自己肯定感）を高め、自分の特性を見つけていきます。

海外プログラムは現在7種類あり、特に16歳以上で参加できるオックスフォード大学（ハートフォード・カレッジ）とアフリカ（タンザニア）は、日本の中高では唯一のものです。ラオスもあります。また、ICT教育では、Microsoft Showcase School（教育ICT先進校）に認定されています。企業の多くがMicrosoftのOSとWord・Excel・PowerPointなどのソフトを利用するなか、生徒が学校から社会にスムーズに移行し、社会で活躍できるための学びの1つとして、ICT教育を推進しています。また、進学サポートは18種類あり、講習やゼミはすべて無料で受講できます。約300席の都内最大級の自習室は、朝7時からほぼ年中無休で利用できます。

駅から近い！ 先生との距離も近い！ 男子校のよさ

男子校のよさは、異性や他人の目を気にせずいろいろなことに打ちこめること、互いに切磋琢磨してリーダーシップを育てることができること、自分をさらけだして男同士の深い絆を築けることです。このよさをいかし、多くの生徒が部活動で好成績を残し、一生涯の友人を得、希望の進路に進み、さまざまな分野で活躍しています。

アフリカ・スタディーツアーでマサイの人の文化を学び交流する

また、生徒と先生の距離が近いのも大きな特徴です。学園祭では教職員バンドの演奏が大変な盛り上がりをみせ、卒業2年後に行われる「成人を祝う会」には、ほとんどの卒業生が参加します。卒業生が日常的に学校に顔をだしています。

なんのために学び、なにを成し遂げたいのか。その答えは心の奥底にあります。それに気づき、引きだし、社会で活躍できる人財になるために、全教職員が全力でサポートしています。

学園祭後夜祭の教職員バンドが大盛り上がりをみせます

●学校説明会
10月 7日（土）
11月15日（水）
11月25日（土）
12月16日（土）

●学園祭　※ミニ説明会あり
9月23日（土）・24日（日）

●入試問題説明会
10月 7日（土）

●小6対象入試直前対策
1月13日（土）

※すべて予約制、詳細はHPでご確認ください。

受験生と保護者に伝えたい

効果的な過去問演習

18ページでも触れたとおり、合格を得るために過去問演習は欠かせません。そこで、ここからは過去問演習を行う際のポイントや注意点について詳しくみていきましょう。

周囲の協力を仰ぎつつ入試問題の傾向や特徴を探る

受験勉強において重要となるのが、過去の入試問題（過去問）に取り組むことです。18ページでもお伝えしたように、各校の入試問題には、学校それぞれのメッセージがこめられています。

入試は受験生を選抜するために行われるものではありますが、先生がたは、「こうした文章の内容を理解できる生徒に入学してもらいたい」「自分のことを、こんなふうに表現できる生徒であってほしい」と考えながら、入試問題を作成しているのです。

過去問に取り組むことは、そうした学校からのメッセージを読み取ることにつながります。さらに、過去問の分析をつうじて、志望校の問題がどのような傾向や特徴を持っているのかを把握することができます。

ただ、受験生ひとりで過去問の特徴やこめられたメッセージをつかむのはむずかしいと思います。そこで保護者や進学塾の先生の協力が必要になってきます。

塾の先生は、入試本番までのスケジュールを考慮しながら、どのような対策をこうじていくべきか、助言してくれるはずです。ですから、過去問に複数回チャレンジしたら、解き終えた問題と答案を持って相談しにいくことをおすすめします。

現状の把握と分析が合格に近づく第一歩

入試問題は、単元テストのように、あらかじめ出題範囲がしぼられているものではありません。単元テストであれば、どのような問題がでるのか予測しやすく、その分正解も導きだしやすいでしょう。

しかし、入試問題は複数の単元を組みあわせて出題されることもあれば、異なる視点からの解き方を要求される場合もあります。そのため、単元テストでいい成績を収めている受験生であっても、入試問題で同様の好成績を取れるとはかぎらないのです。

だからこそ、過去問演習に繰り返し取り組むことが大切になります。そのなかで、「なにが問われているのか」「どう解答すればいいのか」といった解き方の手法を身につけていきます。

過去問演習を行うにあたり、なかには「満点を取るぞ」と考える受験生もいるでしょう。高い意欲を持って学習するのはとてもすばらしいことです。しかし、入試で満点を取るのはむずかしいですし、合格に満点は求められていません。重要なのは、合格するために必要な点数を取ることです。

ただし学校ごとに、そして同じ学校であっても入試日程や入試形式によって、合格に必要な点数は異なります。そこで確認したいのが「合格者平均点」と「合格者最低点」のふたつです。

各教科で「合格者平均点」を超えること、全教科の合計点数で「合格者最低点」を超えることを目標に取り組んでみてください。これらをクリアできれば、着実に合格に近づいているといえるでしょう。

そうして複数の学校の過去問にチャレンジしていると、点数がなかなか伸びない学校もでてくるかもしれません。そのときに、「自分は、この学校の問題には向いていないんだ。受験をあきらめた方がいいのかもしれない」と考えてしまってはダメですよ。

大切なのは、「点数が取れない理由はなんなのか」と分析してみることです。算数であれば、たとえば自分が苦手な図形問題の割合の高さが原因かもしれません。原因がわかれば、その対策をこうじることができます。

まずは、いまの段階で自分がどの程度の点数が取れているのか、合格に必要な点数までどれくらい足りていないのか、現状を把握することから始めましょう。そして得点が伸びないのであれば、その原因を探り、どの問題を解けるようになったら点数が伸びるのかを考えていきます。その試行錯誤こそが、みなさんの力をアップさせてくれるはずです。

人任せの生活は受験勉強にも影響する

さて、過去問演習をしていると、「時間内に解き終わらない」「ケアレスミスをしてしまう」といったことも起こりえます。ある程度は仕方ないのですが、お子さんがまったくこの状況を気にしていないようであれば注意しなければなりません。

なぜなら、ふだんの生活で「自分の身のまわりのことは、自分でやらなくても周囲のだれかがやってくれる」という人任せの生活が習慣になっていて、そこに原因があるかもしれないからです。

そうした考え方が当たり前になっていると、受験勉強でのミスや時間切れも、「だれかがなんとかしてくれる」と考えてしまいがちです。自身の問題としてとらえないかぎり、自分で解決しようとはせず、同じことの繰り返しになってしまいます。

お子さんのようすから、こうした姿勢を感じられるのであれば、「ミスをしないように」「時間を意識しないといけないよ」と話しても、あまり響かない可能性もあります。その場合は、ただ言葉で伝えるのではなく、自分でできることは自分でするように、生活習慣を見直していくことをおすすめします。

過去問演習を行うことの意義、そして注意するべきポイントについておわかりいただけたでしょうか。これらをふまえたうえで、過去問演習を効果的に行うための7つの項目と、国語、算数、社会、理科、それぞれの演習についてもみていきましょう。

つぎは演習のポイント

教科別のポイント

過去問演習のポイント ▼46・47ページ
国語 ▼48・49ページ
算数 ▼50・51ページ
社会 ▼52・53ページ
理科 ▼54・55ページ

過去問演習のポイント

余裕を持った計画を立てる

中学受験での標準的な試験時間は、国語と算数が各50分、社会と理科が各30分です。そのため、4教科すべてに取り組むには、単純に考えても160分、教科と教科の間に休憩を取ると3時間以上もの時間が必要です。また復習する時間も確保しなければなりません。

このように考えると、たとえ休日でも、1日に1校もしくは1回、多くても2校もしくは2年、2回分に取り組むのが限度でしょう。ですから、どのように進めていくのか、余裕を持った計画を立てることが肝心です。

本番と同様の状況に

過去問演習を行うのは各家庭ですが、自宅であっても、本番と同じような状況をつくりだすことが大切です。

試験時間はもちろん、休憩時間も保護者がストップウォッチなどで正確にはかってください。受験生本人は腕時計などで時間を確認し、トイレは休憩時間に行くなど、できるかぎり本番に似た状況にします。

また解答用紙も本番と同じように。市販の過去問集は解答用紙が縮小されている場合もあります。その際は、記述式解答で適切な文字の大きさや文章量を判断するためにも、拡大コピーをしておきましょう。すべての学校で対応するのがむずかしい場合には、記述式解答が多いものを優先して準備してください。

ミス防止をうながす「2段階採点」

ミスを減らすためにはどうするべきか……。「ケアレスミスをしないように気をつけよう」と言葉で伝えるだけでは、なかなかむずかしいかもしれません。そこで、ひとつの方法として、「2段階採点」をご紹介します。

これは、2色のペンを使うもので、まずは赤ペンで通常どおりの厳格な採点を行い、その後赤以外の色でもう一度採点するのです。2回目の採点では、少しのミスで減点した部分を正解にします。すると、ケアレスミスをしていなければ、どれだけの点数が取れていたのかがわかります。その差を可視化することで、受験生のミス防止への意識が高まるはずです。

採点は厳格さを持って行う

採点は保護者が担当します。入試本番は、たとえささいなミスであっても減点されます。ケアレスミスであれば、おまけで正解にしてあげたくなるかもしれませんが、厳しく採点することが、お子さんのためです。

そして採点時には、多くの受験生が正答している基本問題をきちんと解けているかどうかを確認してください。得点や正解した問題の数だけに注目するのではなく、どの問題をまちがえたのかにも注意を払います。多くの受験生が解けない「難問」が不正解だったとしても、正解者が多い基本問題を確実に正解していけば、合格の可能性はアップします。

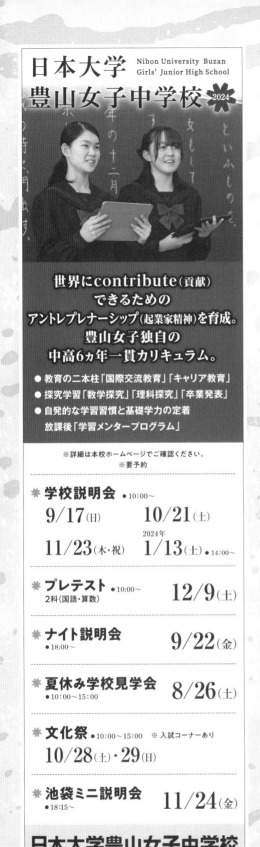

過去問演習は復習までがセット

過去問演習にのぞんだあとは、復習も欠かせません。時間が経つと、記憶はどんどん薄れていきます。ですから、演習後はすぐに復習を行いたいものです。

重要事項はテキストで再確認し、マーカーを引くなどするといいでしょう。ただ、あまり念入りにして時間をかけてしまうと、つぎの過去問に取り組みにくくなってしまいます。復習は「速やかに」「効率的に」を意識したいですね。

「不正解の問題について、どうしてまちがえたのか、解けなかった問題はなぜ解けなかったのかを確認する」「基本問題でまちがえたもの、ミスで失点した部分」を中心に復習しましょう。

「復習ノート」を活用する

復習は短時間で行うことが基本ですが、何度もまちがえてしまう基本問題や見落としていた重要事項などは、同様のミスを防ぐためにも、「復習ノート」をつくることを検討してみてください。

「復習ノート」に決まった形式はありません。ここでは、参考として、ひとつの形式をお伝えしますが、みなさんの使いやすいかたちでかまいません。

ここでは、市販のノートを見開きで使います。左ページに問題を載せ、右ページには解法と解答を記します。ひと目で問題、解法、解答を確認でき、また右ページを透けない紙で隠してしまえば、何度でも解き直すことができるのが、この形式のいいところです。問題はコピーしたものを貼りつければ、時間の短縮になります。

「復習ノート」を応用して、自分がミスしやすい問題を集めたオリジナルの問題集をつくるのもいいですね。

ご家族が寄り添い励ます

過去問演習を含め、受験勉強を進めていると、ときには壁にぶつかることもあるでしょう。そんなときは、お子さんがモチベーションを維持、そしてアップできるよう、ご家族のかたが寄り添ってあげてください。

過去問演習の計画表があるならば、終えたものに傍線を引いて、勉強量を目に見えるかたちにするのも達成感を感じられておすすめです。

試行錯誤を重ね、過去問演習に励むお子さんのがんばりをご家族が認め、褒めてあげることも、お子さんの自信につながると思います。

受験まであと100日

教科別の演習ポイント 国語

国語のポイント

身につけてほしいのは

- 文章を読み切る力
- 自分の考えを伝える力

おすすめの対策は

- 国語辞典の活用
- 「復習ノート」づくり

時間内に終えるための文章を読み切る力

国語における問題のパターンとしては、文学的文章（物語文、随筆など）1題＋説明的文章（説明文、論説文など）1題（加えて独立した知識問題がつくこともある）というものがよくみられます。

そして現在の入試問題の特徴として、全体的に問題の情報量が多くなっていることがあげられます。問題や選択肢の文章が長文化しており、受験生には読むスピードが求められています。読むのが遅いと、それだけ不利になってしまうので、スピードは合格を得るためのひとつのカギになるといえます。

そこで過去問演習をつうじて身につけたいのが、短時間で一定量の文章を読み切る力です。まずは、問題文を読み解答するという一連の作業を、時間内に終えることができるかを確認します。時間をオーバーしてしまうのであれば、「なんとなく読んでいるから、頭に入ってこないのではないか」「理解しにくい部分を繰り返し読んでいるのではないか」など、原因を探ります。

「文章を読むのが遅い・苦手」と感じているかたは、志望校以外の過去問も活用して、自分の得意・不得意な文章を把握しましょう。多くの文章に触れていくと、どんな文章であれば読みやすいのか、あるいは読みにくいのかがわかってくると思います。

また、何度も同じ問題に取り組むのも有効で、文章への理解が深まり、読む力を伸ばすことになります。

きれいな字でしっかりと伝える

読む力を養う一方で、記述式の解答に対応するために、自分の考えをしっかりと伝えられる力も向上させていきたいところです。

自分が書いた文章は、たとえ言葉が足りなかったとしても、自分の理解に基づいて書いてあるため、意味が取れてしまうものです。しかし、ほかの人にとっては、理解しにくい文章かもしれません。

自分で自分の文章を評価するのはなかなかむずかしいと思いますので、自宅であれば保護者に、塾であれば先生にチェックしてもらってください。回数を重ねていけば、力がついて、自身で判断ができるようになっていきます。

加えて気を配りたいのが、字のきれいさです。「きれいに書くよりも、早く書いた方がいいんじゃない？」と考えるかもしれませんが、じつは、ていねいに書いても乱雑に書いてもスピードはそれほど変わらないといいます。

どんなにいい内容であっても字が読めなければ採点することはできません。ていねいに書くことにも注意を払いたいですね。

書くスピードをあげ語彙を増やす訓練

書くスピードをあげる訓練のひとつとして、書き写しをおすすめします。新聞のコラムや教科書などの良質な文章を一日に長くて200字程度書き写してみてください。速く書けるようになりますし、漢字の練習にもなるので、一石二鳥です。

漢字を覚えるには、国語辞典を使った方法も効果的です。わかりやすい用例が載っているものを選び、その用例を参考に、自分で短い例文をつくってみると、その言葉を自分のものにできるでしょう。

機械的に何度も書いて覚えるのではなく、意味を調べたうえで「使える言葉」にしてしまうのです。語彙が増えるので、自分の言葉を使って書かなければならない記述式の解答にも効果を発揮します。

自身の言葉で残す「復習ノート」

過去問で正解できなかった問題、もしくは正解したけれども理解が不十分な問題は、47ページでご紹介した「復習ノート」を活用してみてもいいでしょう。塾の先生からの説明や自分で読んだ解説や解答をもとに、なぜそのような解答になるのかを、自身の言葉で書いておきます。

選択問題であれば、「なぜその選択肢を選んだのか」「本文のどの部分がその根拠となったのか」を自分の理解したとおりに、残しておきます。

記述式では、条件がある問題はもちろんですが、自由記述の問題でも、かならず入れるキーワードがあるはずです。それらを記載しておくといいでしょう。自らの思考の足跡を残せる「復習ノート」を活用することで、点数は確実にアップしていくはずです。

では最後に、国語の過去問演習における注意点をお伝えしておきます。

市販されている過去問集や過去問を集めたウェブサイトを見ても、問題文が掲載されていないことがあります。これは著作権上の理由からです。ほとんどの場合は原典がしめされていると思いますので、どのような文章が問題としてだされたのか、できれば原典にあたり、該当箇所を読んでおくといいでしょう。

受験まであと100日

教科別の演習ポイント 算数

算数のポイント

身につけてほしいのは

- 解答への手がかりを見つける力
- 問題を見極める力

おすすめの対策は

- ミスに気づくための工夫

「初見」でもあわてずに解答への手がかりを探す

算数の過去問に取り組んでいると「こんな問題は見たことがない」と感じるものにであうかもしれません。「何算の問題なのか」「どの単元から出題されているのか」と考えてもわからず、ときには手が止まってしまうことも……。

入試問題では、「○○算の問題です」「△△の公式を使いましょう」とヒントはしめされませんし、すでにお伝えしたとおり、複数の単元の要素を組みあわせた問題がだされることもあります。

とくに難関校の入試では、受験勉強をとおして身につけてきた力を総動員して解答することが求められています。そのため上位校になればなるほど、「初めて見る」という問題がでる確率も上がります。

単元テストである程度の点数が取れていたのであれば、正解を導きだす力はついているはずです。ただ、解き方がわからないと、過去問では得点が伸びないということもありえます。せっかく解ける力があるのですから、それはとてももったいないことです。

では、その対策はというと、図やグラフに目を向けることです。算数の問題は基本的に合理的でムダがありません。そのため、図やグラフにヒントが隠されていることが考えられます。

どんな問題にも手がかりはかならずあります。ですから、「見たことがない」と感じても、必要以上に恐れることはありません。難問とはかぎりませんし、みなさんがこれまで勉強してきたことや、その応用が解答を導きだすための手がかりとなるはずです。

過去問演習は、初見の問題にであういい機会ともいえます。どんどんチャレンジしていきましょう。

時間を意識しながら解ける・解けないを判断

国語のページで、時間内に問題を解き終えられるかどうかが勝負だとお伝えしました。同じく算数も時間との戦いです。

入試問題のなかには、多くの受験生が解答できない問題、たとえば正答率が20%に満たない「難問」がだされることもあります。そうした問題に挑戦する姿勢はすばらしいものです。しかし、一定時間考えても、解答の糸口すら見つからないのであれば、潔く諦めることも必要です。

ひとつの問題にとらわれていたら、いつの間にか時間が過ぎていて、ほかの問題に取り組む時間がなくなっていた、なんてこともありえます。

だからといって、すぐに諦めることがクセにならないように気をつけたいところです。少し考えてわからなければつぎへ、またつぎへ……が習慣になってしまうと、解けるはずの問題も解けなくなってしまいます。

入試に満点は必要ありませんが、どれもすぐに諦めてしまっていては、合格ラインに到達するのがむずかしくなります。

そこで重要となるのが、解ける問題と解けない問題を判断する力です。計算問題や比較的単純な1行問題はすぐに見極められるでしょう。さらに、大問でも、（問1）（問2）は解けるけれども、（問3）はわからないといった判断ができるようになるといいですね。解ける問題をしっかりと積み重ねていけば、合格ラインに届くこともじゅうぶんに考えられます。

こうした力を身につけるためにも、試験時間を正確にはかって行うことが肝心になります。もし時間内に解き終えることができなくとも、自分のいまの実力を把握できたと前向きにとらえましょう。

ミスに気づくための ひと手間を惜しまない

合格ラインを超えるためには、ミスを減らすことも意識しなくてはなりません。ただ、「ミスをしてはいけない」と思うだけでは、なかなかミスを減らすことはできません。ミスは自分がミスをしていると気づいていないからこそ起こるものだからです。そこで、心がけたいのが「ミスに気づく工夫」です。

最終的に求められている数値や単位を確認しているか、図形への書きこみは適切かといった項目をチェックしましょう。自分がしてしまいがちなミスを書きだしておくのも、ミス防止に役立ちます。

解答を導きだした過程を、できるだけ残しておくことも有効です。検算してまちがいに気づいたとき、どこでミスをしたかの手がかりを発見しやすく、そこからすぐに修正も可能になるからです。

またふだんから、「人は1分間に何mほど歩くのか」「500mLはどれくらいの量か」というように数値を具体的にイメージできるようにしておくといいですね。すると、自分のだした数値がまちがっている場合に、違和感を持ちミスに気づきやすくなります。

入試は厳しい時間制限が設けられているため、ミスをしがちです。だからこそ、できるかぎりの対策をしたいものです。

受験まであと
100日

教科別の演習ポイント 社会

社会のポイント

身につけてほしいのは

・思考の土台となる知識

おすすめの対策は

・つながりを意識した学習法
・世の中のできごとに関心を持つ
・ミス防止のひと手間

知識を増やして思考の土台をつくる

社会科は暗記さえできれば点数が取れると考えられがちですが、暗記だけで合格点に到達するのは困難です。もちろん、知識として覚えなければならないことはたくさんあります。しかし、その名のとおり「社会」全体をあつかうため、学習の対象範囲が広く、暗記だけでカバーすることはむずかしいのです。

知識量を問うような問題をだす学校もありますが、しめされた資料のみを手がかりに解答することを求める学校もあります。ですから、そうした問題に対応できる力を身につけなければなりません。

社会科の問題の特徴をあげると、「図表、グラフ、写真、地図の多用」「世の中で関心を集めている話題に関する出題」「その場で考えさせる問題の増加」などです。

このことから、学校側は受験生の「与えられた資料から意味のある情報を読み取る力」「ふだんから世の中のできごとに関心や問題意識を持つ力」「自分の知識と得られた情報を結びつけて考える力」を測ろうとしていることが感じられます。

対策としては、しっかりと正確に深く理解している知識を増やし、その知識をもとに、ものごとを考える訓練を積むことです。「思考の土台」を構成する基本的な知識を身につけることが、入試問題を解いていく力になります。

知識と知識とをつなぎあわせて学ぶ

知識を増やす手段としてまず思い浮かぶのは、1問1答ではないでしょうか。たしかに多くの知識を身につけられる方法ですが、地名や人物名、年号などが別々の知識としてインプットされてしまうので、「思考の土台」をつくることには、あまり有効とはいえません。大切なのは、知識と知識とをつなぎあわせて覚えることです。

地理の場合は、地形と気候、地形と産業などが関連していることを理解しなければなりません。それらの情報を地図にまとめ、目に見えるかたちで理解するというのも、つながりを意識した学びのひとつの方法です。

歴史であれば、「×××年にこういうことが起きた」と年号とできごとのみを覚えるのではなく、起こった原因、関係する人物、その影響などをおさえ、つながりとして理解す

るようにしましょう。
公民分野や時事問題については、私たちの生活と、制度や仕組みがどのように関係しているのかを考えてみることから始めましょう。身近なところからイメージすると、抽象的なむずかしい言葉であっても理解が深まるのではないでしょうか。
この「つながり」を理解するためには「なぜ？」という問いかけが役立ちます。当たり前に感じていたことも、改めて疑問を持つことで、新たな発見があるはずです。
「なぜコメの生産は東北各県や新潟県でさかんなのか」「なぜ衆議院と参議院の二院があるのか」といったかたちで、数多くの「なぜ？」を自らに問いかけ、自分で答えを探します。その繰り返しが、みなさんの「思考の土台」をつくっていきます。

丸印や下線でミスをなくそう

さて、算数に引きつづき、社会科でもミスを減らす工夫について考えたいと思います。

設問を読む際は、注意しなければならない部分に印をつけておきます。たとえば、問われているのは「正しいもの」なのか「誤っているもの」なのか、選ぶ解答の個数は「すべて」か「ふたつ」か……。指示されている部分に丸印をつけたり下線を引いたりして確実に解答します。

【　】県」という空欄を埋めるかたちの解答では、空欄がどこまでなのかをしっかり確認することを忘れずに。県がすでに入っているにもかかわらず、「神奈川県」と答えてしまっては不正解になります。そうしたミスを防止するためにも、県の文字をめだたせるなどのひと手間を習慣化し、ミスを防止しましょう。

ニュースに興味を持つ その姿勢が対策に

2023年も残り4カ月を切りました。これまでどんなできごとがあったでしょうか。

新型コロナウイルス感染症の5類への引き下げ、宇宙航空研究開発機構（JAXA）による14年ぶりの日本人宇宙飛行士候補の決定、初の国産量子コンピューター稼働、藤井聡太棋士による史上最年少での七冠達成など、さまざまなことがありました。みなさんが気になったニュースはどれでしたか。

こうした多くの人が関心を持つニュースは、入試のために勉強するのではなく、ふだんから興味を持ち、興味のあるうちに学んでしまうのが得策です。その姿勢が、時事問題における最も効果的な学習法といえるでしょう。

教科別の演習ポイント 理科

理科のポイント

身につけてほしいのは
- 自分の頭で考える力
- 一歩ふみこんだ問題に対応できる力

おすすめの対策は
- 疑問に自分の言葉で答える

覚えるだけでなく考えることを習慣化

国語でお伝えした問題文の長文化は理科にもいえることです。さらには算数のように、グラフや図表、写真といった資料から情報を読み取り、それらをヒントに解答にたどりつくことも求められています。

資料のなかに解答への手がかりがあれば、教科書や参考書に載っている知識を使わずとも、正解を導きだすことは可能です。しかし、なかには、「理科は得意なはずなのに、資料をもとに考える問題は苦手で、解けない」というかたもいるかもしれません。

その場合は、考える習慣がついていない可能性があります。覚えるのは得意なのに、むしろ得意であるからこそ、暗記した知識だけで問題を解こうとしていないでしょうか。

暗記が得意なことがマイナスになるとは、考えにくいことかもしれません。しかし、それが悪いわけではなく、「覚えている」と「理解している」が同じではないということです。そして「考えない」ことにつながっている場合にかぎってマイナスポイントになります。

小テストや単元テストは重要事項を覚えていれば解ける問題もあります。しかし、入試問題は、問題をしっかりと理解し、さまざまな視点から考える力が要求されます。小テストや単元テストでは点数が取れるのに、過去問になると伸び悩むというかたは、自身の頭で考える習慣がついているかどうか、あらためて自分と向きあってみてください。

入試問題を解くにあたってキーポイントとなる「考える力」。これは、資料をもとに解答する問題に多く取り組んでいくことで養われていきます。過去問は、新しいことを学ぶチャンスです。

初見に感じたり、「こんな問題は解けない」と思う問題であっても、問題文やグラフ、図表、写真などの資料をていねいにみていけば、解答のヒントを見つけだせるようになるはずです。

社会科のページでお伝えした「な

ぜ？」と疑問を持つ姿勢は、理科の勉強にも役立ちます。覚えていること（知っていること）だけで解くのではなく、自分の頭を使って考えるトレーニングを積み重ねていくことが大切です。

目的や手順など実験を深く理解する

理科ならではの問題といえば、「実験」をあつかうものがあげられます。「定番の実験」と呼ばれる、教科書や参考書に載っている実験、繰り返し出題される実験もあるので、図を見ただけで「あの実験だ」とわかるかたもいるでしょう。

以前の実験問題は、使用する器具や実験によって発生する物質の名称、実験結果を問うものなど、知っていれば解けるものが多くありました。

しかし現在は、「なぜこの実験をするのか」「それぞれの手順を、その段階で行う意味をきちんと理解しているかどうか」「実験結果にはどんな意味があるのか」といった、たんなる知識だけでは解くのがむずかしい、一歩ふみこんだ出題が増えています。

こうした問題に対応するためには、出題された実験について、自分の言葉でまとめながら復習するといいでしょう。すでに理解している実験についても「実験の目的」「手順の意味」「実験結果が導きだされた理由」などを、記しておくといいでしょう。そうすることで、初めて見る実験問題にも通用する応用力が育まれていきます。

解答欄にまどわされず内容の正確さを重視する

理科で最後にお伝えしたいのは、記述式の解答についての注意点です。他教科同様、理科でも記述式の解答が増えています。

大切なのは、解答の内容が正確なことです。「そんなの、当たり前じゃないか」と思われるかもしれませんが、「できるだけ長く書いた方が、その分点数を多くもらえるのではないか」と考えてしまうことはありませんか。あるいは、すでに必要な情報は書き終えたにもかかわらず、解答欄の大きさにとらわれて、思わず余計な文章を書き足したくなるという人はいませんか。そうした人は要注意ですよ。

不要な言葉やまちがった内容が書いてあると、減点の対象になります。場合によっては、点数をもらえないことも……。

ですから、解答欄のスペースにまどわされず、なによりも正確さが求められていることを忘れてはなりません。これは他教科の記述式解答でも必要な姿勢ですから、肝に銘じておきましょう。

ここまで過去問演習に取り組む際のコツや教科別のポイントをお伝えしてきました。いかがでしたか。ご紹介したことを参考に、効果的な過去問演習を行い、ぜひ合格を勝ち取ってください。

You are the light of the world.
You are the salt of the earth.
あなたは世の光です。
あなたは地の塩です。
マタイ5章13節～15節

そのままの
あなたがすばらしい

学校説明会 Webより要予約

10.28（土）14:00～15:30　終了後 校内見学（～16:00）

11.24（金）10:00～11:30　終了後 校内見学、授業参観（～12:00）

過去問説明会 ●6年生対象　Webより要予約

12. 2（土）14:00～16:00

親睦会（バザー）　Webより要予約

11.19（日）9:30～15:00　生徒による光塩紹介コーナーあり

校内見学会 Webより要予約

月に3日ほど予定しております。
詳細は決定次第、ホームページにてお知らせいたします。

学校説明会、公開行事の日程などは本校ホームページでお知らせいたしますので、
お手数ですが、随時最新情報のご確認をお願いいたします。

動画で分かる
光塩女子学院

光塩女子学院中等科

〒166-0003　東京都杉並区高円寺南2-33-28　tel.03-3315-1911（代表）　https://www.koen-ejh.ed.jp/

交通…JR「高円寺駅」下車南口徒歩12分／東京メトロ丸ノ内線「東高円寺駅」下車徒歩7分／「新高円寺駅」下車徒歩10分

駒込中学校【共学校】

KOMAGOME JUNIOR HIGH SCHOOL

伝統と革新を調和させ「一隅を照らす」人材を育成

目的の異なる2つの「適性検査型入試」

ここ数年、受験者が増え続けている駒込中学校（以下、駒込）。その理由としてあげられるのが、目的の異なる2つの「適性検査型入試」です。どちらも2月1日午前に実施され、一方は東京都立小石川中等教育学校や東京都立白鷗高等学校附属中学校に準拠した問題で「適性Ⅰ・Ⅱ・Ⅲ」の3科、もう一方は千代田区立九段中等教育学校に準拠した問題で「適性1・2・3」の3科です。いずれも成績上位者には6種類の特待生制度が用意されています。

受験生のニーズに合わせた「特色入試」「特待入試」を実施

2日午前には、基本となる2科（国・算）、4科（国・算・社・理）入試のほか「特色入試」として、さらに3つの入試を設置しています。

「プログラミング入試」では、算数の四則計算・Scratchを用いたプログラミングの能力を測ります。「自己表現入試」はPCや図書室の蔵書を自由に使い、テーマに沿ったプレゼンテーション資料を作成する入試です。「英語入試」は、英語・国語・算数の3科を実施。英検準2級以上の取得者は英語の得点が100点換算となり、英語の試験が免除されます。なお国語と算数の問題は、同時刻に実施される2科、4科の問題と同じです。

さらに2日午後には、合格すれば3カ年または1カ年授業料が無償となる「算数一科」「国語一科」特待入試も実施しています。このように様々な入試を取り入れている背景には、時代が多様性を求めて変化していくなかでも、自分の得意なことを選んで挑戦できる人間になってほしい、という駒込の想いが込められています。

新しい時代のなかでも自己肯定感を持つ生徒を育成

AI（人工知能）の発達やグローバル化社会の到来で大きく変わりゆく現代、駒込では、そんな時代を生き抜いていくための知性とスキルを培っています。しかし、それ以上に重視しているのが、生徒それぞれに「どう生きるのか」という哲学を持つきっかけを与えることです。この思想を持ってこそ、世の中に貢献できる人間になることができると、駒込では考えています。

なかでも特徴的なのが、仏教・天台宗の理念をいしずえとした情操教育です。伝統行事である比叡山研修（高1）の一環として行われる30㎞回峰行、日光山研修（中2）、寛永寺研修（高2）では自らの心と向きあい、人との関係を改めて感じることで、AI時代にも折れることのない自我を形成します。

学校生活のなかで多様性を大切にしながら、自己肯定感と自信を育み、仲間とともに乗り越えられる力を身につけていくことができる学校です。

◉学校説明会　要予約

10月14日㊏　14:00～15:30
11月18日㊏　14:00～15:30
12月10日㊐　①10:00～11:30
　　　　　　②14:00～15:30
1月14日㊐　10:00～11:30
※10月14日㊏、1月14日㊐はZoomによる配信も実施

◉夜の説明会　要予約

9月29日㊎　18:00～19:00

◉個別相談

お電話にて随時承ります。
お気軽にお問い合せください。

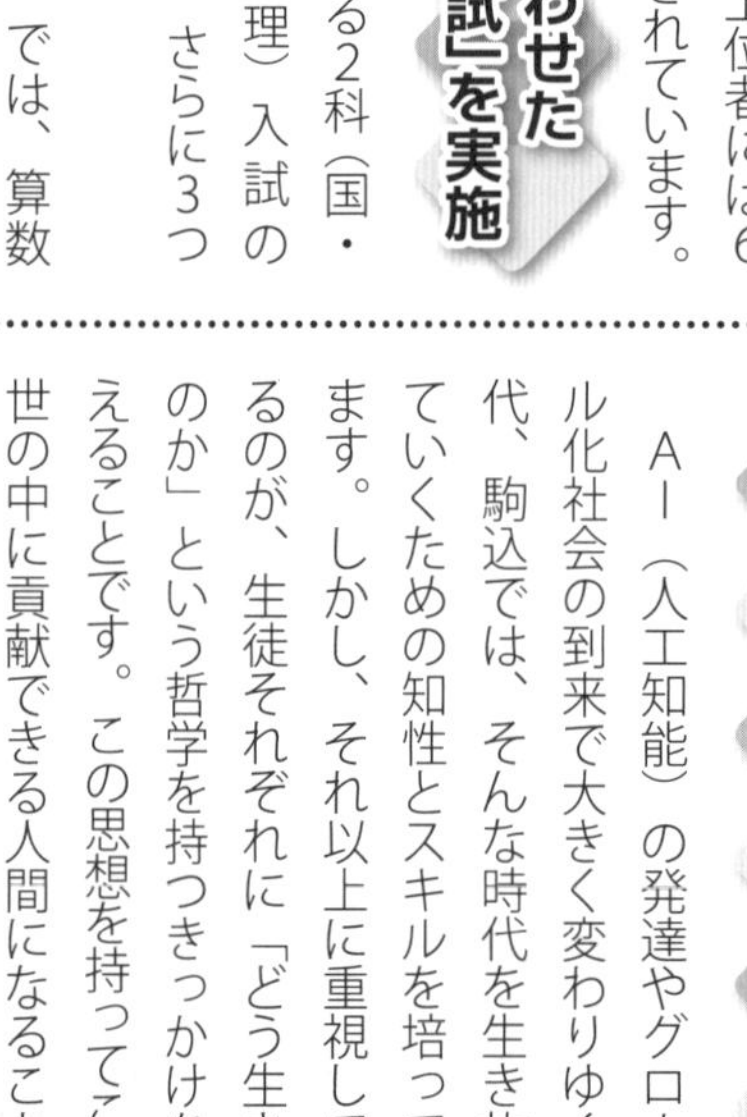

年30回実施する理科実験では、本物に触れることを大切にしています。

SCHOOL DATA

ADDRESS
〒113-0022
東京都文京区千駄木5-6-25

ACCESS
地下鉄南北線「本駒込駅」徒歩5分、地下鉄千代田線「千駄木駅」・都営三田線「白山駅」徒歩7分

TEL 03-3828-4141

URL https://www.komagome.ed.jp/

【タイアップ記事】

武蔵野《むさしの》中学校 共学校

Address：東京都北区西ヶ原4-56-20
TEL：03-3910-0151
URL：https://www.musashino.ac.jp/mjhs/

Access：都電荒川線「西ヶ原4丁目駅」徒歩3分、都営三田線「西巣鴨駅」徒歩8分

入試イベント

●学校説明会
9月17日㊐　10月7日㊏　11月4日㊏
11月18日㊏　1月13日㊏
●入試模擬体験（2科型・適性検査型）
12月16日㊏
●文化祭　10月28日㊏・29日㊐
両日とも体験イベント・個別相談会あり※すべて予約制です。詳細はHPでご確認ください。

世界に発信できる力を養う

武蔵野中学校は、複数の入試形態を用意し、受験生の潜在能力を評価しています。生徒と教員の距離が近い面倒見のいい学校です。

いまの頑張りを評価する多様な入試形態

武蔵野中学校（以下、武蔵野）では、生徒個々の特性や潜在能力を評価したいとの思いから、2019年度より「アクティブ入試」を、2022年度から「適性検査型入試」を導入しています。昨年度は「適性検査型入試」での入学者も増えており、2024年度入試も同様の内容で実施されます。

武蔵野は、中1から週10時間ある英語の授業のうち、6時間をネイティブ教員が担当するオールイングリッシュの授業があるなど、その独自の英語教育に定評のある学校です。授業では本物の英語をネイティブ教員から聞いて覚え、グループワークやディスカッション、プレゼンテーションで発信力を鍛えていきます。

「本校は中高一貫校ですが、高校生にもなると、教員との距離も含め、お互いを知り尽くした家族・兄弟姉妹のような存在になります。素直で吸収力が高い生徒が多いので本校で吸収した英語力やコミュニケーション力を使って、自分の力を世界に向けて発信できる人になって欲しいと思っています」（大久保忠直先生）

適性検査型入試は、適性検査Ⅰ・Ⅱ・Ⅲで実施され、Ⅰ型は試験当日に合否発表とともに検査結果をフィードバックしています。

一方、アクティブ入試は、スポーツや習い事など好きなことに打ち込んでいて、中学受験のために活動を中断・休止したくないお子さんにも、門戸を開放したいという考えで、「得意」が発揮できる入試になっています。

学校説明会や入試模擬体験などに参加して、先生や生徒さんと直接ふれあってみてはいかがでしょうか。

在校生に聞いてみました！

Q 中学入試で印象に残っていることは？

米持さん「都立も私立も両方受験できて、学校の選択肢が広がると思い、適性検査型で受験勉強を進めました。塾の勉強合宿にみんなで参加したことがとても印象に残っています。武蔵野の適性検査型は、少し難しかったですね」

澤口くん「国語と作文（アクティブシート＝得意を作文）で受験したのですが、国語は難しかったです。作文では、私の兄と姉も武蔵野の陸上部だったので、自分も武蔵野に入って陸上部で活躍したいと小学校では体力づくりをしていたことなどを書きました」

中1：米持羽菜さん（適性検査型入試を受験）　中1：澤口大雅くん（アクティブ入試を受験）

Q いま武蔵野で熱中していることは？

米持さん「いまマーチングバンド部に所属しています。先輩たちがやさしく教えてくれたおかげでホルンが少し吹けるようになったので、いまはそれに熱中しています。理科の授業では、いままで知らなかったことを沢山勉強できて面白いです」

澤口くん「陸上です。走り幅跳びと100m走を専門にしたいので、いまはその体力づくりを頑張っています。勉強は得意ではないのですが、先生がたがあきらめずに一生懸命に指導してくれるので、頑張ろうと思います」

Q オールイングリッシュの授業は楽しいですか？

米持さん「最初は全然聞き取れなかったのですが、少しずつ聞き取れるようになってきたので楽しいです」

澤口くん「自分たちが片言の英語で話してもネイティブの先生はしっかりと聞いてくれて、自分たちが分かるように言葉を返してくれます。いまはiPadを使ったプレゼンテーションの練習が楽しいです」

Q 受験生にアドバイスをお願いします。

米持さん「適性検査型では、問題文の意図を読み取って記述する問題があるので、問題文をしっかり読んで確認することが大切だと思います」

澤口くん「アクティブ入試では、作文をもとに面接があるので、作文では自分のなかで一番誇れる内容についてまとめるようにした方がいいと思います」

【タイアップ記事】

目白研心中学校《めじろけんしん》

共学校

所在地:東京都新宿区中落合4-31-1
TEL:03-5996-3133
URL:https://mk.mejiro.ac.jp/
アクセス:都営大江戸線「落合南長崎駅」徒歩9分、
西武新宿線・都営大江戸線「中井駅」徒歩12分、
地下鉄東西線「落合駅」徒歩14分

1人ひとりを丁寧に見守り 生徒の自立を促す

グローバル人材の育成をめざす「Super English Course」に代表されるように、英語教育に力を入れる目白研心中学校。しかし、同校の魅力はそれだけではありません。今春から校長に就任された吉田直子先生に教育への思いを伺いました。

生徒との信頼関係を築いて「面倒見のよい教育」を展開

吉田《よしだ》 直子《なおこ》校長先生

今年、創立100周年を迎えた目白研心中学校（以下、目白研心）。吉田直子校長先生は、同校の教育のキーワードに「面倒見のよさ」をあげられます。

「本校が考える『面倒見のよさ』とは、生徒が自分の足で立ち、自分の頭で考えられる人になるようサポートすることです。自立するためには、自己肯定感を持つことが重要だと考えています。だからこそ、生徒が個性を伸ばせるよう、1人ひとりとしっかりコミュニケーションを取れる環境を用意しています」（吉田校長先生）

目白研心では、中1・中2で2人担任制がしかれており、生徒と密にコミュニケーションを図っています。担任はベテランと若手、文系と理系など、異なる個性を持つ教員がペアで務めるため、複数の角度から生徒を見て、より多くのよいところを発見できます。

また生徒が毎日思い思いのことを記し、担任がコメントを返す「セルフマネジメントノート」も、両者の信頼関係を築くことにひと役買っています。

体験を通じて主体性を養い 文化や価値観の違いを楽しむ

「好きなことや得意なことを見つけるために、中高の6年間で様々な体験をしてほしい」（吉田校長先生）との思いから、目白研心には多彩なプログラムが用意されています。

まずはコース制です。中3から「特進コース」「総合コース」「Super English Course」に分かれて1年間学び、高校進学時に再度コースを選ぶことが可能です。さらに「特進コース」「総合コース」は、高2で文系または理系を選択します。コースでの学びを体験したうえで、自らの意思で進むべき道を選ぶ、こうした体制が主体性を育てます。

そして異文化に触れる場として、カナダ修学旅行（中3）があります。特徴は全員が必ず一度、ホームステイ先で晩ご飯を作ること。料理を気に入ってもらえた生徒、あまり食べてもらえなかった生徒、どちらもいるそうですが、受け身ではなく発信すること、文化の違いを感じること、それ自体が貴重な経験となります。

「現代は異なる国の人とも協働して、物事にあたらなければならない時代です。だからこそ、価値観や考え方の違いを楽しむ心が重要なのではないでしょうか」と吉田校長先生。

ほかにも感性を刺激し豊かな人間性を養う機会として「芸術鑑賞会（全学年対象）」を実施。日本でも指折りの芸術家による和太鼓の演奏や合唱など、幅広いジャンルの舞台発表を、毎年貸し切りで鑑賞します。今年は、劇団四季を観る予定です。

「芸術は教養の1つであるとともに、コミュニケーションの1つの形でもありますよね。いま世界では色々な問題が起きています。生徒にはそれらを腕ずくではなく、コミュニケーション力を発揮して解決できる人になってほしいと願っています。多くの体験で人間性を高めつつ、相手を受け入れる寛容な心や人の役に立とうとする気持ちを持つ、そんな生徒を育てる学校です。加えて、海外の方と協働する際に必要となる英語力の育成にも、変わらずに励んでいます」（吉田校長先生）

多彩なプログラムによって、豊かな人間性や主体的に人生を歩んでいく力を育てるとともに、英語教育にも定評がある目白研心です。

学校説明会 要予約
10月14日(土) 14：00～
11月 4 日(土) 14：00～
1 月13日(土) 10：30～
3 月23日(土) 10：30～
※1月13日は小6のみ対象
授業見学会 要予約
11月14日(火) 10：30～
入試体験会 要予約
12月23日(土) 13：30～

※実施の有無、内容についてはHPでご確認ください。

pick up!

昌《しょう》平《へい》中学校

共学校

育てよう。「好きのチカラ」埼玉県初のIB・MYP認定校

多様な文化を理解し、より平和な世界を築くことに貢献する、探究心・知識・思いやりに富んだ若者を育成する昌平中学校。IB（国際バカロレア）MYP開始から9年。大学合格実績が年々向上しています。

【タイアップ記事】

School INFO.

所在地
埼玉県北葛飾郡杉戸町下野851
TEL
0480-34-3381
アクセス
東武スカイツリーライン直通「杉戸高野台駅」徒歩15分・バス5分、JR宇都宮線・東武伊勢崎線「久喜駅」バス10分

学校説明会
9月16日（土）10：00～
10月22日（日）10：00～
11月11日（土）10：00～
12月9日（土）10：00～
腕だめしテスト
10月22日（日）9：00～
入試直前対策講座
12月9日（土）10：00～

昌平の教育を支える3つの柱

昌平中学校（以下、昌平）は、「手をかけ 鍛えて 送り出す」を教員のモットーに、生徒一人ひとりの能力を最大限に伸ばすための、「好きのチカラ」を大切にした指導を実践しています。そんな昌平の大きな特色は、「グローバル人材育成プログラム」です。①「IB（国際バカロレア）教育」②「PEP（パワー・イングリッシュ・プロジェクト）」③「SDGs（持続可能な開発目標）」という3つの柱があります。

「IBとは世界基準のシステムを採用した国際教育プログラムで、世界で5300校以上が導入しています。本校は、2015年にMYP（中等教育プログラム）候補校になり、その後認定校になりました。生徒全員を対象にプログラムを実施する全国でも数少ない学校です。IBの授業は候補校時点からスタートしているので、今年で9年目を迎えています。

グループディスカッション、プレゼンテーション、ディベート、およびレポート、エッセイの作成が中心で、「自ら主体的に動く」姿勢が自然に身につきます。生徒が楽しそうにこのプログラムへ取り組むのは、つねに「対話」が人と人をつないでいて、コミュニケーションをとること自体に楽しさがあるからでしょう。

また、無理な暗記を強いることなく、原理や原則をじっくりと論理的に考えることにより、発想や思考力、表現力を養うことができます。これはすなわち、難関大学の入試問題で問われる能力ということができます。

なお、『PEP』は、全校生徒が英語の4技能5※領域を身につけるとともに、英語を得意教科にするための取り組みです。授業はもちろん、行事でも英語の学習に興味を持ってもらうためにいろいろなプログラムを用意しています。また、SDGsでは多彩な体験学習を行い、『世界』をテーマに奉仕活動やプロジェクト学習に取り組みます」（国際教育部部長の前田紘平教頭先生）

高校にもIBコースを設置

このようにIB教育を軸に独自の教育を展開する昌平は、高校もIBのDP（ディプロマプログラム）認定校となり、2019年度からIBコースがスタートして、今春2期生が卒業しました。これによって、希望する生徒は中高6年間をとおしてIB教育が受けられるようにもなりました。

また、近年の中高一貫の卒業生は、東京大学をはじめ、一橋大学、東京工業大学、お茶の水女子大学、北海道大学、東北大学など、多数の難関国立大学に合格しています。

「ここ3年の中高一貫の卒業生はまさに全員が国際バカロレアのMYPを実践した生徒たちです。東京大学の学校推薦型選抜での合格、一橋大学のソーシャル・データサイエンス学部開設初年度の合格、早稲田大学政治経済学部の入試での数学必須化初年度の合格、また国立大学医学部医学科や芸術専門学群、東京外国語大学への進学など、進路の多様化はIB教育で培った底力が発揮された結果と言えますね」と前田教頭先生も目を細めます。

IBの授業（中3）では、「地球サミットin Shohei」と題して、物理と公民の授業でエネルギー問題を学習したあと、6班（国）に分かれて、さまざまな議論を交わし条約の締結をめざします

※4技能のうち「話すこと」を「やり取り」と「発表」の2領域に分けたもの

互いの価値観を尊重し、一人ひとりの個性と自主性が発揮される校風

2023年度学校説明会等公開行事

行事	形式	日程	時間	対象	定員
第4回 学校説明会	ライブ配信	9/13(水)	11:00~12:20	全学年対象	定員 950名
	(1)校内実施	9/16(土)	9:30~11:10	全学年対象	定員 各回 300名
	(2)校内実施		11:50~13:30		
吉祥祭		9/30(土) 10/ 1(日)	9:00~16:00	全学年対象	詳細は時期が近づいた段階で本校HPをご覧ください
第5回 学校説明会	ライブ配信	10/11(水)	11:00~12:20	全学年対象	定員 950名
	(1)校内実施	10/14(土)	9:30~11:10	全学年対象	定員 各回 300名
	(2)校内実施		11:50~13:30		
第6回 学校説明会	ライブ配信	11/15(水)	11:00~12:20	全学年対象	定員 950名
	(1)校内実施	11/18(土)	9:30~11:10	全学年対象	定員 各回 300名
	(2)校内実施		11:50~13:30		
第7回 学校説明会 (入試会場見学会)	(1)校内実施	12/16(土)	9:50~10:30	6年生対象	定員 各回 400名
	(2)校内実施		11:00~11:40		
	(3)校内実施		12:10~12:50		

※すべての学校説明会等の公開行事は、オンライン上で事前の予約が必要となります。
原則的には実施日の3週間前の昼12:00より予約受付を開始いたします。
※上記の日程や内容は変更することがあります。最新の情報や実施時間帯、予約方法は、本校のホームページでご確認ください。

2024年度入試概要

	第1回	第2回
募集人数	134名	100名
試験日	2/ 1(木)	2/ 2(金)
試験科目	国語・算数・社会・理科	

https://www.kichijo-joshi.jp/

吉祥女子中学・高等学校

〒180-0002 東京都武蔵野市吉祥寺東町 4-12-20 TEL:0422-22-8117
■JR 中央線・総武線・地下鉄東西線直通「西荻窪駅」下車 徒歩8分
■西武新宿線「上石神井駅」から西荻窪駅行バスにて15分「地蔵坂上」バス停下車 徒歩8分

工学院大学附属中学校

特待生選抜入試
2/1午後

スクールバスは
5つの主要駅から

JR八王子駅
京王線 京王八王子駅
JR・西武線 拝島駅
京王線 南大沢駅
新宿駅西口

https://www.js.kogakuin.ac.jp/

024年度入試より国語重視型入試を実施

国語重視型入試は2/1午後入試（受験科目：国算）で実施
国語150点満点、算数50点満点の傾斜配点で判定いたします

Challenge × Creation × Contribution

2024年度入試 入試日程 【募集】先進クラス70名・インターナショナルクラス35名

名称	試験日	試験科目	手続期限
第1回A	2月1日（木）午前	国算社理、国算、英算、英国	2月5日（月）12時
適性検査型MT①	2月1日（木）午前	適性検査型Ⅰ・Ⅱ	2月9日（金）15時
第1回B特待	2月1日（木）午後	国算、国算（国語重視型）、英算、英国	2月5日（月）12時
第2回A	2月2日（金）午前	国算社理、国算、英算、英国	2月5日（月）12時
第2回B	2月2日（金）午後	国算、英算、英国	2月5日（月）12時
第3回	2月3日（土）午後	国算、英算、英国	2月5日（月）12時
第4回	2月6日（火）午後	国算、英算、英国	2月9日（金）15時
適性検査型MT②	2月6日（火）午後	適性検査型Ⅰ・Ⅱ	2月9日（金）15時

※適性検査型MT受検者で神奈川県公立中高一貫校と併願する場合は、2月10日（土）15時まで延納可。

学校説明会・行事

学校説明会・授業/部活動体験会	9月 9日（土）14時／10月14日（土）14時
夢工祭（文化祭）	9月23日（土）10時／ 9月24日（日）10時
体育祭（中学のみ）	10月25日（水）10時
学校説明会・入試予想問題体験会	11月26日（日）13時
クリスマス学校説明会	12月23日（土）13時
入試対策説明会	1月13日（土）14時

※全て予約制となっております。公式Webサイトよりご予約ください。

工学院大学附属中学校
JUNIOR HIGH SCHOOL OF KOGAKUIN UNIVERSITY

〒192-8622 東京都八王子市中野町2647-2
Tel:042-628-4914 Email:nyushi@js.kogakuin.ac.jp

多彩な進路を支える教育システム

文化、科学の根底から学ぶ授業カリキュラムのもとで偏りのない学習をする中から自らの興味関心を発見するプロセスが、回り道のようですが最善のものです。この考え方に基づいて、高校1年までは全員が同じカリキュラムを学ぶ期間としています。高校2年で文・理コース選択を、高校3年では19種類のコースから1つを選択し、希望する進路の実現を目指します。

このように、成蹊大学へ進学する30%の生徒と全国の国公私立大学へ進む70%の生徒の両方に対応するカリキュラムに加え、卒業生の協力を得た様々な進路ガイダンスなどの行事が組み合わさり、医歯薬、芸術分野を含む多彩な進路が実現しています。

国際理解教育の多様なプログラム

1949年開始の交換留学を始め、長期･短期の様々な機会が用意されています。1年間の留学でも学年が遅れない制度や留学中の授業料等を半額にする制度を整え、留学を後押ししています。短期留学（2～3週間）には、50年余の歴史を持つカウラ高校（オーストラリア）との交流の他、ケンブリッジ大学、UC-Davisとの提携プログラムなど、将来の進路選択を見据えた成蹊ならではの特色あるプログラムを実施しています。成蹊学園国際教育センターが小学校から大学までの国際理解教育をサポートする体制を整え、また、高校への留学生受け入れも常時ありますので、日常的に国際交流の機会があります。

2023年度 学校説明会　要予約

10/ 7（土）　11/ 4（土）
※生徒による校内ガイドがあります

受験生対象イベント　要予約

10/21（土）入試対策講座Ⅰ　※6年生対象・オンライン

11/11（土）入試対策講座Ⅱ　※6年生対象・オンライン

クラブ体験　要予約

10/ 7（土）※5・6年生対象

蹊祭［文化祭］　要予約

9/30（土）　10/ 1（日）

《過去3年間の主な進学先》
東京大、京都大、東工大、一橋大、北海道大、東北大、東京藝術大、東京外国語大、東京農工大、筑波大、国際教養大、慶應義塾大、早稲田大、上智大、青山学院大、明治大、立教大、ICU、APU、東京慈恵会医科大、順天堂大、北里大、昭和大、東京医科大、日本医科大

SEIKEI 成蹊中学・高等学校

〒180-8633　東京都武蔵野市吉祥寺北町3-10-13〔Tel〕0422-37-3818
〔URL〕https://www.seikei.ac.jp/jsh/　〔E-mail〕chuko@jim.seikei.ac.jp

敵を知り 己を知って 第1志望校に 合格しよう！

森上教育研究所　所長　森上展安

9月に入り、中学入試がすぐそこに近づいてきましたね。あと100日でなにができるのか、志望校に合格するための過去問への取り組み方と併願方法について、森上展安先生にご紹介いただきました。合格まで、あとひと息です。最後まであきらめずに挑戦しましょう。

「敵を知る」編 ～過去問に取り組む～

まず取り組みたいのは志望校の過去の入試問題、すなわち「過去問」です。これは「敵を知り己を知れば百戦危うからず」という孫子の格言のなかの「敵」にあたります。「過去問」に取り組む時間を確保したいですね。

おすすめは、小学校に行く前の朝の1時間。実際の入試も8時半ごろから始まる学校が多いように、朝が最も気力が充実し、実力が発揮できます。朝の1時間で1科目を解いて学校へ行くようにしましょう。通学している学校が家に近いと可能ですね。

「過去問」は、四谷大塚の合不合判定テスト（以下、合判テスト）で合格偏差値50％の合格ラインになる学校、いわゆる実力相当校にしましょう。その採点をしてみて「合格最低点」を上回る必要があります。合格最低点は4科もしくは2科の合計点でしかでていませんから各科を合計してみることが大切です。

そこで筆者主宰の「わが子が伸びる親の『スキル』研究会」の金廣志先生が強調していることは、その合格最低点を「10％上回れ」ということ。これは大事なポイントです。

なぜ「10％」か。10％上回れば各科の「受験者平均点」にだいたい相当する得点になっている、のだそうです。すべてではありませんが、「受験者平均点」を公表している学校は多いですから確認しておきましょう。過去問に取り組んだ実力相当校が公表していなければ、合格最低点の10％オーバーの合計得点を各科目に割り振ってみてください。

そして自身の得点が受験者平均点をオーバーしている科目もあれば、そうでない科目もあるでしょうから、下回っている科目はどれか、そしてそれはなにをまちがえていたから下回ったのかをチェックしてください。じつは、その失点している問題の多くはかならず得点できる問題で、それを取りこぼしているケースが多いはずです。

ここでみなさんは疑問を持たれたかもしれません。「合格者平均点」をオーバーすれば確かに合格にちがいないが、各科の「受験者平均点」を上回っても「合格者平均点」ではないのだから合格できないのでは、と。確かにそうですね。

しかし、上記のような平均を上回

るために必要な得点力をどうつけるか、という具体的な解決策に照らしてみると、各科の「受験者平均点」を下回ることになった、本来「正解すべきなのに失点している問題」を発見することができるのです。

その問題をかならず得点できるようにすることは可能なので、それが得点になれば受験者平均を上回ることになり、ひいては各科合計の合格最低点に達することができる、という展望を持てます。いわばスレスレの合格作戦です。

この際に特筆しておきますが、入試は合格を得ることがいちばんの目的で、「合格者平均点」をいかにどれだけオーバーして合格するか、ということではないのです。そこを誤らないことが肝心です。したがって得点できる問題は失点しない、という姿勢でのぞむことです。

繰り返します。実力相当校の過去問をやる→「合格最低点」を調べ10%上回ることを目標にする→「合格最低点」から各科の「受験者平均点」を推定する（もしくは公表されている数値を確認する）→「受験者平均点」に達していない教科の失点箇所を点検する→失点しないように重点的に補強する。以上となります。

筆者があえてつけ加えるとすれば、過去問の失点していた問題を得点していたとしたらという、「捕らぬ狸の皮算用」をしてみることも楽しみだと思います。それによって「見事合格平均点クリア！」ということになるはずなので、じゅうぶんに合格した気分を味わえます。

ところで、50%合格可能性ラインに該当する学校を実力相当校としました。第1志望校についてはやはりそのくらいのリスクをとっても入りたい気持ちに満ちていますから、そのようなラインの引き方でかまいません。

「己を知る」基礎編 〜問題を3つに分類〜

つぎは「己を知る」編に移ります。どういうことか、というと、過去問への取り組み方にコツがあるのです。正確にいうと、過去問に取り組んで得点を伸ばすやり方にコツがあり、これをやると実際に伸びるというのです。

それは問題を3つに分類すること。

① 受験生のほとんどが解ける問題→〇

② 受験生のほとんどが解けない問題→×

③ 受験生の合否を分ける問題→△

そして、「×問題」には手をつけない。「〇問題」は全問正解する、「△問題」を正解できるようにする、という解き方をしていくことで合格できるのです。

さて、問題をみて、以上の〇×△の判定ができるかどうか。〇問題は基本問題ですから容易にわかるでしょう。×問題もだいたい見当がつくと思うのですが、△問題が見分けにくいですね。

そこで筆者はまだ数校ですが、「わが子が伸びる親の『スキル』研究会」のＷＥＢサイトに森上教育研究所YouTubeチャンネルというコンテンツを用意しています。だれでもアクセスできますからどうぞ。

そこにあるのはまさにこの「合否を分けた問題」（ただし算数のみ）を出題した学校の先生が入試問題から抜きだして解説している動画です。豊島岡女子などがあり、ほかにこうした動画はないと思いますから、ぜひ利用してみてください。

ついでにこれは「受験者平均正答率」と「合格者平均正答率」のちがいがあった問題に焦点をあてています。多くが小問の2番、3番の応用的な問題です。そこを得点できるか、失点するかで合否が分かれるのです。

秋の終わりごろには、とくに女子校で入試問題説明会があり、そうした解説をしてくれる学校（鷗友学園女子など）もありますので、この△問題に負けない学力をつけていくことが、すなわち合格する学力向上策、ということになります。

また、塾の先生に〇×△を区分けしてもらう、という方法もありますから、使えるものは、なんでも使うということでは塾の先生を使い倒すにうってつけの活用法です。

以上が「己を知る」基礎編です。

「己を知る」応用編 〜模擬テストを活用〜

そして「己を知る」編の応用として模擬テストの活用についてお伝えします。

6年生秋の10月〜12月の模擬テスト、たとえば合判テストでは合否判定のために偏差値がでます。この偏差値で合格可能性が80%、50%、30%としめされ、たとえ実倍率が高かろうと偏差値の合格可能性で判断すれば合否を予想しやすいので、いわば受験の必需品です。その利用法を正しく知ることで合格に近づける方策をお伝えします。

入試まであと100日 家族チームプレーで乗り切る

多くの受験生、保護者は、模擬テストで偏差値が上がった下がったとこの時期は頭を悩ませるのですが、学力向上のためには偏差値より正答率が大事です。それはどういうことかというと、以前にもお伝えしていますが、「100－偏差値＝正答率」という相関があるので、偏差値に一喜一憂せず、偏差値をみて正解すべきなのに失点している問題を見つけ、そこをかならず正解するようにしていくのです。

「正解すべきなのに失点している問題」という前述の文言は、さきほどの「己を知る」基礎編にもでてきたことに気づかれたでしょう。

そうなのです。たとえば算数が偏差値56だったとします。100－56＝44ですね。そうなると正答率が44以上の問題を全問正答できるはずなのですが、にもかかわらず正答率48くらいの、よりやさしいはずの問題で失点しているのです。この公式は、失点している本人にとってはやさしいはずの問題を見つけやすくするものになります。

合判テストの結果には、基本的にS－P表というのがついていて、本人の実力が発揮されれば正解できるところで、わざわざ失点している問題がひと目でわかるようになっています。

でも四谷大塚以外のテストにはそれがついていないので、上記の公式を覚えておき、返却された答案とデータを見て正解すべきなのに失点している問題を探しだし、これをかならず正解できるようにトレーニングすればつぎの月の合判テストでかならず成果がでるのです。

これが「己を知る」応用編です。

併願校選びにも作戦を

さて、以下に申し上げることは、合格を勝ち取る合格力を高める方法で、それはもちろん、学力を高めることにつながっているのですが、これにもやり方があります。

それは俗に言う「ドンドンよくなる法華《ほっけ》の太鼓」というようなもので、少しやさしい学校から合格のむずかしい学校に勝ち上がっていく、という受験の仕方のおすすめです。

やはり同じ「スキル研究会」の恒成国雄先生による「成り上がり併願パターン」の例示でもあるのですが、2月1日に逗子開成を受け、2日に鎌倉学園を受け、両方合格していれば、3日の浅野はじゅうぶん勝算がある、というものです。

ほかにも多くの事例が考えられます。たとえば、2月1日午前関東学院、1日午後鎌倉学園、山手学院、2日法政第二、鎌倉学園、3日逗子開成など。ここで、鎌倉学園が午前でなく、関東学院が午前、というあたりの配置がすばらしい、と恒成先生は強調します。というのも、前者は午前4科、午後2科になるが、2科では算数のミスで失点しがちだとのこと。むしろそれなら関東学院を午前にして、午後で山手学院を受験した方に安定感がある、ということなのです。

ただし、恒成先生は「偏差値50前後の受験生ならば」と断っています。つまり標準的な学力の持ち主ならば、4科で社会・理科があった方が基本的・標準的な問題なので安定感がある、としています。これは、二本脚の椅子より四本脚の椅子の方に安定感があるのとそこは同じです。

このように易から難へ、入試の難度予想を加味して実際上の易から難と併願し受験していくと合格力が増していき、最終的には2月5日の逗子開成に合格する、という恒成先生命名の「成り上がり併願作戦」という方法は理にかなっています。

ここにあげたのは神奈川の学校で

したが、東京でも事情は同じで、2月1日に日ごろの学力がだしやすく合格が得やすい学校を受験し、1日午後、2日午前、2日午後と少しずつハードルを上げていくスタイルの併願を行えば入試そのものが成功物語になりますし、もっといえば成長物語になると思います。

なんといっても6年生ですし、入試はハイテンションです。1校1校安全運転をして、次第にチャレンジにもっていけば受験のストレスが大きく緩和もします。結果的に合格していくのです。

信頼関係と意欲がカギ

最後に、気持ちの問題がでてきましたから家族の心がまえについて触れます。

中学受験というイベントは親子のイベントとしてかなり大きなもので、確かに6カ年の出口は大学ですから、入り口は子ども、出口は大人のこの間の大切な人格形成を担う教育機関の選定でもあります。

だからこそ熱くもなり激しくもなるのですが、子ども自身が自由に活発によく生きようとする働きはかなり頼もしいもので、親ができることはむしろ親自身のあり方、つまりよく生きようとしているようすを子どもに見せることです。子どもは親を大人のひとりとして相対化できるように成長していきますから、じつは親がよく生きようとしていることが最も子どもによい影響を与えることになるのではないかと思います。

おそらくその一歩が中学受験の合否に立ち向かうことで、親としては子どもの小さな成功を喜び、あるいは小さな挫折をともにして、いっしょにその人生の一節を生きて共感してあげる姿勢をしめせればよく、まちがっても合否で人格を否定するような、品格を寒からしめる言動をしないように注意したいものです。

じつはそういう心がけで親が子に接すると、子どもは精神が安定し、学力にもよい影響がでてきます。よくコーチングなどでもみられますが、すでに懸命に走っている選手にかける言葉は「その調子で行け」というくらいで、そこまで平静でいられない場合は、いかにも平静を装えばよく、しばらくは演技も必要です。

ただ、親のできることはかぎられていて、「その調子」自体が理解できない場合は、やはり頼りになるコーチに、とくに受験直前期は入念に伴走してもらい、入試のはざまは精神的な落ちつきがもたらされるよう努めて平静につきあっていただきましょう。

また併願のところで大切なことは、子どもの調子をよくみて、不調なときにはつぎの受験校は合格ができる学校にギアチェンジし、まずは局面を明るい方向に変えることです。よく高校野球などでミスが続発したり、ムードが沈滞したりしたときに、これをはねのけるようにヒットを打ってチームを勝たせるムードメーカーがいますが、入試での合格・不合格もよく似ていて、不合格があると意気が上がらなくなることはよく観察されることです。

そして、親ができることは、やはり食事と声かけです。母親は太陽ですから、父親が母親を支え、この時期は文字どおり二人三脚でチームプレーを心がけてください。

そして、「成り上がり併願作戦」のところでも少し触れましたが、憧れ校を2月1日にもってくるのは、精神的にかなりストレスが強いものです。そこが動かせないようなら、1日午後にかならず合格できる学校を持ってきておくこと。

また、1月校で栄東のような、毎年多くが受験する学校は調子をみるにはもってこいの入試です。合否をみるのではなく調子をみる、という割り切り方を親子でして、答案がどのように書けたか書けなかったかを知ることが2月の合格に直結します。また「親のスキル研究会」で恐縮ですが、無料・有料はありますが、栄東や渋谷幕張など、1月につながる入試直後の問題分析を受験生対象にオンラインセミナーをやっています。振り返りをして自分のスキルの状態を確認するといいですし、5年生のみなさんなら1年後にこのような問題をやる、という気持ちづくりで参加するのもいいでしょう。

合否はあくまで倍率や問題のだし方や、そのときどきのさまざまな要素に左右され、学力選抜とはいえ学力評価としては過大にも過小にも評価するものではなく、どこが合っていたか、まちがっていたか、という個別の問題の正否にすぎません。

ですから、できる問題、わかる問題をいつもの調子で解けて、正解できるというところに価値をおいています。うまくいかなかったところのやり直しができるのが「いま」です。大切なのは親子の信頼関係と子どもの意欲です。家族で合格をめざしてください。

専修大学松戸
高等学校・中学校・幼稚園
公式ロゴマーク

SINCE
2000

専修大学松戸
中学校・高等学校

本校HPへはこちら
check!!
専大松戸

〒271-8585 千葉県松戸市上本郷2-3621 TEL.047-362-9102
https://www.senshu-u-matsudo.ed.jp/

予約不要
文化祭（中高同時開催）
9/16(土)
9:00～15:30
9/17(日)
9:00～15:00
※学校説明会を数回
実施予定（予約不要）

要予約
学校説明会
9/15(金) 10時より予約開始
10/9(月・祝)
10:00～12:00
11/3(金・祝)・**12/9**(土)
13:30～15:30

要予約
学校説明会【ダイジェスト版】
★本校の説明会参加が初めての
6年生対象
12/15(金) 10時より予約開始
1/7(日)
14:00～15:00

インターネット出願実施
令和6年度中学校入学試験
■試験科目：3回とも4科目（面接なし）
▶第1回1/20(土)〈定員100名〉
▶第2回1/26(金)〈定員30名〉
▶第3回2/3(土)〈定員20名〉
※第２回入試の定員には、帰国生枠（若干名）を含みます。
なお、帰国生枠に出願の場合のみ、面接試験があります。

要予約
要インターネット予約（本校HP）
イベントの開催に関しては事前にHPをご確認ください。

「自然・生命・人間」の尊重

推薦入試
(第一志望)
帰国生入試
12月1日(金)
11月6日(月)
出願スタート

●帰国生オンライン説明会

9月16日(土) 10：00～11：00　予約受付中
10月23日(月) 10：00～11：00　予約受付中

●入試説明会

10月14日(土) ①10：00～　②14：00～　予約受付中
※後日、動画配信もします。詳細は本校HPにてご確認ください。

●学校見学会・説明会

10月28日(土)　予約受付中
11月4日(土)　予約開始:10月1日

●帰国生学校見学会・説明会

12月23日(土) 13：00～15：00　予約開始：11月1日

2024年度　生徒募集

	帰国生入試	推薦(第一志望)	前　期	後　期
募集人員	若干名 (前期定員に含む)	40名	240名	20名
入試日	12月1日(金)		1月21日(日)	2月3日(土)
入試科目	国語・算数・英語	国語・算数・理科・社会		
合格発表日	12月2日(土)		1月23日(火)	2月4日(日)

東邦大学付属東邦中学校

〒275-8511　習志野市泉町2-1-37
TEL 047-472-8191 (代表)
FAX 047-475-1355
www.tohojh.toho-u.ac.jp

受験生特設ページ

SSH
GOOD!
SMASH!
ICHIKAWA
HI!
COOL

受験まであと100日

公立中高一貫校の「適性検査」とはどんな入試問題なのか

知識の量をはかることを目的とせず なぜそうなり、どう考えるかを問う

公立の中高一貫校では「受験競争の低年齢化を招かないように」学力検査は行わないことになっています。その代わり、学力検査とはちがったかたちで「その学校の教育方針と受検生の適性が入学後マッチするかを判断する」ため適性検査が実施されています。ここでは、首都圏の公立中高一貫校で実施されている「適性検査」とはどんなものなのかを探ります。

公立一貫校の適性検査と共通テストとは意図が同じ

いまから2年半前の2021年1月、日本の教育にとって大きな転換点となる「一大変化」がありました。

それまで31年実施されていた大学入試センター試験に代わり、大学入学共通テスト（以下、共通テスト）が始まったのです。

共通テストは国公立大学に進もうとする大学受験生は、一般受験なら全員が受ける第一関門です。また共通テストを一次試験あつかいとする私立大学も多く、さらに「共通テスト採用入試」といって、共通テストのスコアのみで合否を判定する入試を持つ私立大学も多くあります。

ですから大学受験生は「共テ」と呼び、大学受験スタートの重要ポイントとして意識します。

ここまで3回行われた共通テストの出題では、それまで約30年間問われてきたのと同様の、学力をはかったり知識が蓄積されているかを試したりする問題も多くありました。

「読解力」「思考力」「判断力」を試すのは共通テストと同じ趣旨

しかし新たに、知識理解や学力だけをはかるにとどまらない、その「質」を問う問題や、会話文や資料を読みこませ、思考力、判断力を発揮して解くことが求められる出題もめだち始めたのです。

これらは改められた学習指導要領の趣旨と一致しています。

解答へのカギとなるのは「読解力」です。いずれの教科、科目でも、図表やグラフ、写真などがしめされ、そのなかから解答へのヒントを探っていく、いわゆる「読み解く」ものが目につくようになったのです。

読み解くことから始まり、つづけて「思考力」「判断力」「分析力」を、その解答過程をつうじて試します。

「なぜそうなるのか」「どう考えるのか」が問われるのです。

読解力が必要なのは国語にとどまりません。ほかの科目においても、しめされた問題文やそのなかの会話

文、図版のなかにある説明文などを読む力が試されることになります。それらのなかに問題を解決するヒントが隠されているからです。

　ここまで読んでお気づきのかたも多くおられると思います。じつは共通テストの出題の意図や、解答への考え方、導きの仕組みは、公立中高一貫校の適性検査とほぼ一致しているのです。

公立一貫校ではさらに表現力、記述力も試される

　しかし、公立中高一貫校の適性検査にあって、共通テストでは試されていないものもあります。

　それは「表現力」であり「記述力」です。

　じつはこの力も、当初共通テストではかられる予定でした。ところが採点における公平性に疑問が呈されて、実施1年半前に頓挫してしまったのです。

　共通テストでは、50万人近い受験生数に比べて、採点期間が短すぎるという「無理」があったことが採用にいたらなかった要因のひとつといわれています。ですから共通テストの解答は「表現力」「記述力」を必要としないマークシート方式が継続されるところとなりました。

　もし、初めの構想どおり、共通テストで「表現力」「記述力」も試されていれば、それは公立中高一貫校の適性検査と出題の趣旨がピタリと一致していたことになります。

　これらのことから、共通テストが始まって以降、公立中高一貫校の難関大学進学実績が伸びてきているのも理解できないことではないわけです。公立中高一貫校受検時に、これらの出題に合わせた思考が訓練されていてこそのアドバンテージがあったのではないか、ということです。

　私立中学校でも、その入試形態のなかに「適性検査型入試」というものがあります。これは公立中高一貫校の適性検査をトレースした出題をして、第1志望を公立中高一貫校としている受験生に試し受験してもらうことをねらいとした入試です。

　今後、大学入試で適性検査と趣旨を同じくする出題部分が増えていくようなら、やがて私立中学校の一般入試もその影響を受け、適性検査に準じた出題が多くなっていく可能性もあるかもしれません。

　私立中学校に受験生が集まるかどうかは、大学入試での進学実績の伸長が、その生命線だからです。

受験競争の低年齢化を懸念して公立中では学力検査は行わない

なぜ学力検査ではなく公立一貫校は適性検査なのか

　では、公立中高一貫校の適性検査の問題には、具体的にはどのような特徴があるのか、という話に移りましょう。

　適性検査は、公立の中高一貫校が入学者選抜のために実施するもので、私立中学校の国語、算数、社会、理科といった教科別に時間を設けた学力試験とは大きく異なります。

　というのは、学校教育法施行規則で「公立の中高一貫教育校については、入学者選抜に学力検査を行わないものとする」と定められているからです。

　これは公立の中高一貫校が、大学受験準備に偏った教育を行う、いわゆる「受験エリート校」になったり、受験競争の低年齢化が生じたりすることは教育改革に逆行するからだ、とされています。

　こうして学力検査の代わりに生まれたのが、適性検査なのです。

　それでは、適性検査はどのような力をはかる検査なのでしょうか。

　各地の教育委員会がしめしている入学者選抜要項によると、適性検査ではかる力には、多くの場合ふたつの力をあげています。

・思考力や判断力、表現力など小学校で身につけた総合的な力
・入学後の6年間の学習への意欲や適応力

　このふたつの力をはかるため具体的には、つぎのような出題形態をとることになります。

・教科横断型の問題（国語と社会、また、算数と理科を組みあわせた問題など）
・思考力を要する問題（教科知識そのものではなく、知識をどう活用するかが求められる問題）
・作文（課題に対し自分の意見や思いを考え、まとめる）
・聞き取り問題（国語、学校によっては英語でも）
・面接（学びへの意欲や姿勢が評価の対象となる学校も）

入試日程から出題傾向まで多様
所在地によりちがうので要注意

適性検査の結果が結局は合否を分ける

さて、首都圏の公立中高一貫校における入学者選抜の方法は「報告書・適性検査・作文・面接・実技検査」などによって総合的に合否が判定されます。これらのなかでも、最も評価の比重が大きいのが適性検査です。

適性検査はおもに筆記によりますが、神奈川では「グループ活動による検査」（コロナ禍以降、来年度入試でも実施せず）、千葉では聞き取った内容から自分の考えを表現する「聞き取り＋作文（論文に近い意見作文）」検査も行われています。

問題の難度について、私立の中高一貫校の入試では、その多くで小学校の学習指導要領を越えた内容が出題されていますが、公立中高一貫校では、小学校で学んだことから出題するのが前提です。だからといって、その問題がやさしいか、といえばかえって難解かもしれません。

公立の中高一貫校でもすぐれた生徒に入学してほしいのは当然ですから、その適性検査は、来たるべき生徒の選抜が目的なのは当然です。

ですから、小学校での学習指導要領の範囲内とはいえ、さまざまに工夫された問題がだされます。

その内容は学校によってちがいますが、前述のとおり複数の教科を組みあわせたり、問題解決のための活用型の出題で、解く力だけでなく、「読解力」を軸に、「思考力」「判断力」「分析力」など総合的に考える力が試されます。

そのほかにも「論理的に考え、自分の考えを相手に伝える力」、いわゆる「表現力」を含んだ「記述力」について高いレベルが要求されます。

このような力を試すために「どう考えるのか」「なぜそう思うのか」を文章にまとめ、記述して表現させる問題が多くだされます。

つまり、知識だけを「覚えている」「知っている」だけでは解答を得ることはできないのです。知識の量や暗記、習熟された解法を用いて解答するのではなく、思考力・表現力などをその場で発揮できるかどうかが合否の分かれ目となります。

当該の中学校は、入学後の6年間に生徒をかならず伸ばすことができるように、適性検査ではそのベースとなる資質を見極めたいという意図をこめています。

都・県や学校によってちがいがある適性検査

公立中高一貫校の受検は、当然、居住地によって出願資格が制限されています。居住地以外の都道府県にある公立中高一貫校への出願はできません。また検査日も統一されているため1校しか受検することはできません。例外はさいたま市立の2校（浦和中と大宮国際中）で、第1次選抜が別日程となっていることから、両校を受検することができます。

このほかの点についても所在地によって入試制度が異なっていますので、受検にあたっては、その居住地にある学校の適性検査を研究することが大切です。

日程はもちろん、検査の形式や内容は、都県ごと、市・区ごと、また学校ごと、さまざまです。

これらが公表される日程も都県立、市立、区立ごとにちがいます。各校ホームページ等を頻繁にチェックしましょう。

本誌では96ページに首都4都県の入試日程を掲載していますが、未確定の部分があります。東京都では募集人員は10月発表の予定としていますのでご注意ください。

現在、首都圏の公立中高一貫校は各都県ごとに数校設立されています。適性検査の問題が、その都県内で全校共通である場合、一部の問題が共通である場合、各校で異なる場合などがあります。

東京都立の中高一貫校適性検査では、共通問題を柱として、一部の問題を各校が独自問題に差し替えて実施していますが、どの出題が独自問題になるのか、来年度については各校から9月以降に発表予定です。

募集要項も、さいたま市立2校、川口市立は例年なら10月下旬の発表です。

これらのことから、過去問題対策では、適性検査ならどこのものでもいいだろうと考えるのは禁物だということがおわかりでしょう。各都県、各校で適性検査の傾向がちがうのですから、よく研究して取り組みたいものです。

公立一貫校が適性検査で試す特徴的な6つの力を知っておく

過去問題で学校からのメッセージを読み解く

適性検査問題のむずかしさにはすでに触れましたが、ほとんどの学校の適性検査は45～50分が検査時間となっています。これは現行の小学校の授業時間に合わせているから、といわれています。

ところが、この時間内で多くの資料や文章を読み解き、解答へと表現するのは至難の技といっていいほど問題文は長く、時間配分にも注意しないと解答しきれません。

読むべき長文がふたつあり、その主張を読み取って比較し、共通点や相違点を基に、受検生自身の考えを記述する問題も多くなっています。

読み解くだけで半分以上の時間がかかる受検生もいるでしょう。決められた時間内で自らの力を最大限に発揮できる集中力と時間を配分する力が必要です。

さて、適性検査には各校の教育方針や育てたい生徒像が反映されています。学校により問題内容や評価の観点がちがうのはこのためです。

それを理解して、まず志望校の教育方針や理念、特色に目を向けておくことも大切な視点です。

そして、志望校の過去問題をしっかりと解き、そこに隠されている学校からのメッセージを読み解くことから始めましょう。適性検査対策はそれがスタートです。

適性検査で試される6つの力とは

では、過去問題に取り組む際、どんなことに注目して分析していけばよいのでしょうか。

各校とも入学者選抜にあたり、「出題のねらい」がホームページで公表されています。これらの「ねらい」を見れば、首都圏の中高一貫校それぞれが適性検査で試そうとしている力が見えてきます。

志望校が決まったら、必ず目をとおしておきましょう。

その「試そうとしている力」は、以下の6つの力にまとめられます。

1「読解力と資料を読み解く力」
2「筋道を立てて考える力」
3「問題を解決する力」
4「ひらめきと計算力」
5「作文力と表現力」
6「教科知識の活用力」

の6つです。

これら適性検査における出題は、私立の中高一貫校の入試問題とは、かなりちがっています。ただこのところ、前述のとおり私立中学校の出題にも、共通テストにつながるような「考えさせる問題」が増えていることも確かです。

過去問題をご覧いただくとわかりますが、身近な生活を題材とした出題でありながらも、知識をベースに受検者自身の「考える力」を問う問題が主体となっています。

このような出題は、けっして取り組みやすい内容とも言えず、おとなでも面食らう問題も多くあります。

しっかり準備すれば大丈夫 過去問題攻略で自信を持とう

過去問題に初めて触れたときのご家庭では、まず問題の意図を読み解くのに時間を要すことでしょう。

合格するためには、①高い理解力と、②表現力が要求されます。

ご家庭で、受検生といっしょに過去問題に取り組む際には、まず問題を読み、どんな力を試そうとしているのかについて、「6つの力」に分けて考え、なにがどう試されているのかについて考えましょう。

受検生自身が、はじめからその分析をするのは荷が重いものです。

まずは合格するための①高い理解力に重点をおいて、試される6つの力のうち、**1**「読解力と資料を読み解く力」と、**2**「筋道を立てて考える力」を意識して問題文を読み解く練習をしましょう。

それができるようになれば、**3**「問題を解決する力」を発揮できるようになります。そうすることで合格のための②表現力につながる、**4**「ひらめきと計算力」、**5**「作文力と表現力」、**6**「教科知識の活用力」も追いかけるようにして身についてきます。

なにが試されるのかを理解しながら過去問題に取り組むかどうかで、過去問題の活用効果が大きくちがってきます。

しっかりと過去問題に取り組み、志望校の出題傾向を認識して、じゅうぶんな準備をすることが合格のポイントになります。

「自ら学ぶ、あなたを伸ばす」

中学校
Junior High School
普通コース／音楽コース／国際コース（認可申請中）
上野学園中学校

音楽科
Music Course
演奏家コース／器楽・声楽コース
上野学園高等学校

普通科
Senior High School
特別進学コースα・β／総合進学コース
上野学園高等学校

学校説明会
10/28［土］14:00
12/ 2［土］10:00
1/13［土］10:00

入試体験
11/11［土］14:00
12/16［土］14:00
1/13［土］14:00

音楽コース 学校説明会
11/ 4［土］13:30

音楽講習会
12/24［日］～27［水］

音楽相談
11/11［土］

桜鏡祭（文化祭）
9/16［土］・17［日］9:00

2024年4月 国際コース（認可申請中）開設予定
世界で最も普及しているケンブリッジ国際教育プログラムにCLIL手法を採用した一条校として日本で初めての国際コースを上野学園中学校に開設予定。
中学1年から高校3年までの6年コース、1期生は定員20名。
「世界で活躍したい」日本国内の中高生を育成していく本格的な国際コースです。

《イベントのご参加は全てWEB予約制となります》
《日程・内容は変更になる場合がございますのでHPにてご確認ください》

since 1904 **上野学園 中学校 高等学校**
〒110-8642 東京都台東区東上野4-24-12
TEL.03-3847-2201 FAX.03-3847-2013 https://www.uenogakuen.ed.jp
access
● 上野駅（JR・東京メトロ）徒歩8分
● 京成上野駅（京成本線）徒歩10分 ● 浅草駅（つくばエクスプレス）徒歩12分

グローバル×探究

global inquiry

授業が見られる説明会【要予約】
9月19日［火］20日［水］21日［木］
10月21日［土］ 11月11日［土］

国際塾・部活動見学【要予約】
9月19日［火］20日［水］21日［木］

学校説明会【要予約】
9月24日［日］ Bunkyo Gakuin-Global Gateway 英語に特化した体験を実施いたします。
10月 9日［月祝］ スポーツの日特別イベント 部活動体験を実施いたします。
1月14日［日］

夜から説明会【要予約】
11月10日［金］24日［金］

学校説明会・入試体験【要予約】
11月23日［木祝］ A：入試解説 B：探究プレゼン型・英語インタラクティブ
12月17日［日］ 教科型

あなただけの説明会【要予約】
12月 3日［日］

イベント日程、内容は変更、中止となる場合がございます。
最新版はホームページでご確認ください。

Instagramにて学校生活の様子をお伝えしています。
ぜひ、ご覧ください。
【bunkyo_girls】

受験生用

＊詳細・ご予約は本校ホームページをご覧ください

文女祭【要予約】
10月28日［土］
10月29日［日］

文京学院大学女子中学校

Member of UNESCO Associated Schools / United Nations Educational, Scientific and Cultural Organization

〒113-8667 東京都文京区本駒込 6-18-3 Tel 03-3946-5301 Mail jrgaku@bgu.ac.jp https://www.hs.bgu.ac.jp/
●駒込駅（山手線・地下鉄南北線）から徒歩5分、巣鴨駅（山手線・都営三田線）から徒歩5分 ●池袋から5分・大宮から27分・品川から28分・柏から33分・浦和美園から30分・新宿から13分

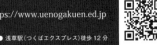

公立中高一貫校と併願して

お得な私立中学校

公立中高一貫校の入試は「適性検査」と呼ばれています。これに対して、その入試の数日前に「よく似た出題」で腕試ししてもらおうと生まれたのが、私立中学の「適性検査型入試」です。そしていま適性検査型入試は、首都圏では市民権を得た入試スタイルとなっています。ここでは公立中高一貫校と「併願してお得」な私立適性検査型入試を、森上展安氏が解説します。

森上 展安

森上教育研究所所長

森上教育研究所所長。1953年、岡山県生まれ。早稲田大学卒業。進学塾経営などを経て、1987年に「森上教育研究所」を設立。「受験」をキーワードに幅広く教養問題をあつかう。近著に『入りやすくてお得な学校』『中学受験図鑑』などがある。

埼玉

難化の私立中学に対し受けやすい公立中高一貫校

埼玉の私立中学の一般入試は、この数年で倍率が2倍台から4倍台へと次第に難化しています。

その一方で、適性検査型入試については1倍台のため、その意味では受けやすい状況になっていると思われます。

ところが公立中高一貫校に目を転じると、そもそも倍率自体が最も高いさいたま市立浦和にしても2倍台なかばですから、併願ニーズもそれほど高いわけではありません。

川口市立高校附属も2021年度入試から参入して3年、男女それぞれ200人強で倍率2倍の入試状況になっています。

さいたま市立浦和とさいたま市立大宮国際は併願できるため、男子がいずれも300名そこそこ。女子は市立浦和で324名、さいたま市立大宮国際では女子が400名近くにまでなっています。さいたま市立浦和で倍率が男子2・5倍、女子2・7倍。また、さいたま市立大宮国際で男子は1・4倍、女子2・0倍という入試状況です。

これに対して、浦和実業学園の適性検査型入試が2023年入試では男子201名、女子250名と併願ニーズが高まっています。ただし倍率は緩和しています。

これ以外に聖望学園が200名強の受験者数を集めています。また西武学園文理も適性検査型入試を実施していますが、数字は非公表になっています。

千葉

人気の中心になった「真の6年制」稲毛国際

つぎに千葉をみていきます。

千葉の公立中高一貫校は昨年から千葉市立稲毛国際が完全中高一貫校としての募集を始め、定員も160名と他の公立中高一貫校と定員数をそろえた入試となり、入試状況が一変しました。2022年846名、2023年830名と、それまでの600名台の受験者数が大きく上昇、倍率も2・5倍~2・6倍と厳しくなっています。

県立千葉が1・7倍、県立東葛飾が2・4倍という状況を見ると、受験者数といい倍率といい、市立稲毛国際の相対的な高い人気がうかがわれます。

県立千葉も県立東葛飾も、中高一貫校ではあるものの中高併設型に近く、高校内容の先取りをしないことが比較的低倍率である理由かもしれません。

市立稲毛国際は中等教育学校として高校からの入学者はおらず、6カ年を見通したカリキュラムが立てやすくなりました。その意味では市立稲毛国際の変化参入で、千葉で公立中高一貫校人気が高まってきているともいえます。

確かに、適性検査型入試を実施している昭和学院と千葉明徳の受験者数も、昭和学院が164名から176名と伸び、千葉明徳が149名から243名と今春入試が大幅に伸長しています。これはやはり市立稲毛国際の変化がより併願ニーズの高まりを生んだと考えられるからではないでしょうか。倍率で見ると受けやすい状況です。

神奈川

完全中高一貫化した川崎市立川崎が大幅増加

つづいて神奈川に目を向けます。神奈川の公立中高一貫校は、県立が2校、川崎市立が1校、横浜市立2校で、市立がやや多いのが特徴です。2023年度入試では川崎市立川崎の受験者数が、この数年の470名から564名へと大幅に増加しました。

高校募集（普通科）が2021年度から停止されており、完全中高一貫校となりましたから、定員は変わらないものの大幅な受験者増となったものと考えられます。倍率も3・9倍から4・7倍へと厳しくなりました。

一方で県立2校、横浜市立2校の入試状況はあまり変化がありません。

したがって私立併願ニーズは高いものの、私立の適性検査型入試で大規模なものはありません。相模女子、自修館、橘学苑、鶴見大附属、日大中、横須賀学院、横浜翠陵、横浜隼人、横浜富士見ヶ丘などがありますが、いずれも低倍率です。

このなかでは、市立川崎の変化によって鶴見大附属の適性検査型入試が90名から１４６名へと大きく増加しています。ただし倍率は低い状況がつづいています。

難度厳しい都立一貫校 寄り添う適性検査型

東京

さて最後に東京の公立中高一貫校併願の入試をみていきたいと思います。

東京の公立中高一貫校はこの数年で併設型だった5校が完全中高一貫校に変更となりました。したがってそれらの学校は募集定員が男女60名から各80名に増員しました。すなわち富士、大泉、両国、武蔵の4校と、これに加えて白鷗も特別枠の入学者（最大6名）を加えて各85名になります。その結果、東京都立の公立中高一貫校10校はすべて完全中高一貫校となり、高い人気が継続するかまえとなりました。

いずれも共学校ですが、都立の中高一貫校の入試状況の特徴は、著しい女子人気です。女子の倍率が高い順に並べると三鷹6・3倍、桜修館5・9倍、白鷗5・0倍、大泉4・9倍、両国4・6倍、小石川4・5倍、南多摩4・3倍、立川国際4・2倍などとなっています。富士と武蔵を除けば4倍台が多数です。

一方で男子の倍率は三鷹が4・8倍、そして両国が4・7倍、小石川は4・1倍、桜修館が4・3倍。とはいえ、10校のうち半数は3倍台なのです。

東京都は現在、男女別定員を採用しているため、倍率は男女別の実倍率です。このような高倍率をみると、私立女子の倍率は1倍台が大半であるため、女子は私立を併願しておくことが必須の状況といえます。

さて、私立の適性検査型入試は、東京では、じつにたくさんの学校が実施しています。やはり都立中高一貫校の立地に近い学校に需要があります。

都立中高一貫校の立地は、三多摩と、いわゆる下町に分かれます。また、一部は都心部にもあります。したがって私立の併願需要も、それらの地域に沿っているといえます。

まず、下町地区で最も適性検査型入試の受験者数が多い私立は、都立中高一貫校で3番目に受験者数が多い両国と隣接した安田学園です。４４８名を数えます（ここでは第1回入試の受験者数）。

つぎは富士に近い宝仙学園理数インターで４３７名です。さらに三鷹と都立武蔵に近い聖徳学園の2月1日の４１２名がこれにつづきます。あとは南多摩に近い八王子学園八王子の３０７名、そして白鷗に近い駒込の２３０名、また小石川に近い郁文館の１７８名とつづきます。

なお、桜修館に近い品川翔英が１２８名と受験者数を増やしています。トキワ松学園の１４２名が、女子のみでもよく受験生を集めています。

三鷹と南多摩の併願が多い佼成学園女子が91人と押し上げています。

都立中高一貫校には先述した女子の厳しい入試状況がありますから、佼成学園女子やトキワ松学園のように女子校にも一定の需要があると思います。

一方、佼成学園の男子も60名の受験者数をしめしています。宝仙学園理数インター同様に富士、三鷹、また大泉に対応する出題です。

なお、都心需要では桜丘が約１２０名を集め注目されました。また城西大附属城西の72名、白梅学園清修の59名、多摩大聖ヶ丘の46名などが、適性検査併願ニーズを受け止めた入試といえます。

ただこれらの入試のなかには、たとえば安田学園や八王子学園八王子のように、適性検査型だけにはかぎらない、さまざまな入試と合算した集計になっているところもあり、かならずしも適性検査型だけの倍率や入試状況とはなっていないことには注意が必要だと思います。

ただ、京華だけは受験者数21名で倍率が2倍となっており、適性検査型ではめずらしく、少人数でも比較的高い倍率となっています。

また東京私立では、2月2日以降に実施される適性検査型入試も多々あって、そちらの倍率は2倍以上になっていることがままあります。当然ながらそれらは選抜試験としての意味あいが強まっていると考えられます。

そこで改めて考えたいのは、こうした私立の適性検査型入試を併願するメリットです。

これを考える材料として開智日本橋学園が１１１名の受験者を集めていましたが、今年度で適性検査型入試の中止を発表しています。今年度の倍率も、入試直後の発表では男子で6・5倍、女子4・6倍と、適性検査型入試としては例外的な高倍率でした。とくに男子の倍率は都立中高一貫校のどこよりも高く、女子にしても昨年度の5倍なら、桜修館と三鷹を除けば、どこよりも高い倍率といえます。

確かにこんなに高い倍率では、都立と併願というより、開智日本橋学園が第1志望なのでしょう。

もうひとつの側面は、適性検査型の私立校の出口実績が都立中高一貫校と比べてどうかという点です。

たとえば宝仙学園理数インターのように、隣接する富士と大きくは遜色がない実績ならば、併願する意義は大きいでしょう。とはいえそうした意味での該当校は、現状では宝仙学園理数インターしか、ほぼないのも実情です。

併願の意義をもうひとつあげれば、適性検査は、じつは選抜試験ではないということです。つまり都立の適性検査はあくまで総合的な見地からの判断材料のひとつという位置づけです。

しかし、適性検査自体は学力検査にほかならないのです。

世にいう選抜試験とは異なる学力検査だといえます。

特徴は基準準拠テストといって、わかりやすくいえば検定試験と同じ考え方のテストです。したがって基準に到達しているかどうかという評価はありますが、得点分布でいうといわゆる正規分布、グラフはベルカーブ（左右対称の釣鐘形）にはなっていません。

仮に横軸に得点、縦軸に得点人数をプロットするとすれば、カーブはふたコブらくだ曲線と呼ばれるふたつの山を描くことになります。これはかなり多くの受験生がいれば、それなりの到達度をしめした受験生とそうでない受験生とを判別できるのですが、近年のように受験生が4倍前後、あるいは、東京都以外の公立中高一貫校がそうであるように2倍程度だとするならば、ふたコブの左側の基準に到達していない受験生にも合格をださなくてはならなくなります。

適性検査型入試での入学者に見えるすぐれた資質

ここからさきは筆者の推測ですが、現場では、このような基準以下の受験生をも合格と判断せざるをえないような状況が起こっているのではないかと思います。

これは選抜試験ではないわけですから仕方のないことではあるわけです。とはいうものの、入学者の一部に「学力差のある集団」を抱えることになり、その集団にもしっかりと対応した指導が求められます。いわばここが、私立の併願先である都立との違いを強調できる点だと思います。

たとえば都立中高一貫校では、男女80人ずつが1学年にいますが、その指導について、さすがに能力別編成はしていないようです。

仮に併願先の私立にそうした能力別指導体制が整っていれば、そこは私立併願校に入学する意義があるといえます。私立の併願校は先述したとおり、倍率は1倍台が多く、かなりの合格率がのぞめます。

そして多くの私立併願校が、学校の魅力として、学力に見あった習熟度別指導をうたっています。そこが公立中高一貫校との大きな違いだと考えられます。

これが一般入試では相対評価になりますから、選抜基準はあくまでも、その集団のなかでよりよい得点を取った人に合格が許されますので、そのゴールラインは受ける集団によって高くなりもし、低くなりもします。

しかし、適性検査型の解答は記述式で選択式ではありませんから、問われたことを自分の言葉で考え表現することができればよく、浅く答えてもいいし、深く答えてもよいわけです。

つまり、各々が現状の到達点から中学の学びをスタートできますから、これは合理的です。以上のようなことから、私立併願先のお得な点は、生徒それぞれ、「個別に最適」の指導に希望が持てるという点です。

最後に適性検査型入試で一定の入学者がいる学校の先生がたが必ず指摘されるのが、一般入試からの進学者たちとの相違です。

それは活気があるという言葉で表現されますが、逆からみると一般入試の入学者はそこが乏しいということかもしれません。

一般入試と適性検査型入試のちがいは、前述したように集団準拠か、基準準拠かのちがいです。一般入試はテスト参加の集団のなかでの相対的な成績がでます。いわゆる偏差値の高い低いがかならず反映されます。

しかし、適性検査は一定の基準についてそれをクリアしたかどうかが問われます。クリアした人が少なければ指導方法がよくなかったのかもしれないわけで、基準そのものが明確です。

対して集団準拠は点数の分布ですから、集団がちがえば偏差値は高くも低くもなります。低くて気分がいいわけはありませんね。

一般入試はどうしてもそこに序列を持ちこみがちです。その意味から考えると、適性検査型入試からの入学者が明るいというのは、妙な序列意識を持ちこまず、クリアな学習目標を持てるからではないでしょうか。

横須賀学院《よこすかがくいん》中学校

“世界の隣人と共に生きる力”を育む キリスト教を土台としたグローバル教育

青山学院横須賀分校を受け継ぎ、1950年に誕生した横須賀学院中学校・高等学校。「敬神・愛人」の建学の精神に基づき、グローバルな視点で持続可能な社会を担う人を育てる教育プログラムを展開しています。

◆社会の問題に向きあい解決していく力

横須賀学院中学校・高等学校（以下、横須賀学院）では、英会話の力やICT活用力をしっかりと身につけ、それをディスカッションやプレゼンテーションにいかす取り組みに力を入れています。

中高全館でWi-Fiが整備されており、全員ひとり1台のタブレットを活用しています。

中1の英語では、フォニックスを取り入れ、発音する楽しさを体感できるスタートとなっています。全学年で実施している週1回25分間のオンライン英会話の時間も大変好評です。

また一貫コースでは、文章（情報）を正確に理解し、根拠をふまえて自分の意見を発信する力を養うため、図書館とのコラボプログラムにも力を入れています。国語の授業の最初に行う10分間読書も生徒たちが大好きな時間となっています。

◆自らの人生の幅を広げ他者とともに幸せになる力

横須賀学院では、与えられた自分の能力を磨き、それを他者のためにいかすことに喜びを持てる体験の積み重ねを大切にしています。

縦割りの体育祭やクラス対抗の合唱コンクール、木更津や沖縄での環境・平和学習、中1から始まるイングリッシュデイズやSDGsの学習、中3のシドニーホームステイ（希望制）や高2の海外異文化体験など、たくさんのプログラムに積極的に参加するなかで、自分と異なる賜物《たまもの》を持っている他者とともに生きることに喜びを味わいながら成長していく6年間を過ごします。

森上's eye!

国際感覚あふれる横須賀で多文化理解を深める教育

キリスト教を土台としたグローバル教育を、ていねいに実践している学校です。葉山インターナショナルスクールと連携して行うボランティアは、楽しみながら実践的な英語を学ぶことができるのも特徴です。

青山学院大学との教育連携協定は14年目を迎え、ますますさかんな高大連携教育が進むものと思われます。

SCHOOL DATA　横須賀学院中学校〈共学校〉

所在地　神奈川県横須賀市稲岡町82
TEL　046-828-3661
URL　https://www.yokosukagakuin.ac.jp/
アクセス　京急線「横須賀中央」徒歩10分、JR横須賀線「横須賀」バス5分・「大滝町バス停」徒歩5分

学校説明会（要予約）
11月11日(土) 9:00～12:00
※入試問題体験会を並行開催
12月9日(土)10:00～11:30
1月13日(土) 9:00～12:00
※入試問題体験会を並行開催

水曜ミニ説明会（要予約）
毎週水曜日　10:00～11:30
※詳細はHPでご確認ください。

楠木祭（文化祭）
9月23日(土祝) 9:00～15:00

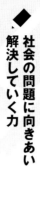

横《よこ》浜《はま》翠《すい》陵《りょう》中学校

「明日の世界をより良くするために考えて行動のできる人」、それが横浜翠陵中学校の校訓である「考えることのできる人」の姿です。自分から進んで新しい課題に挑戦し、可能性を広げ、成功も失敗も成長の糧にして、挑戦しつづけます。

THINK & CHALLENGE!

世界で活躍するグローバルリーダーを育てます

校訓「考えることのできる人」のもと、スクールモットー「Think&Challenge!」を掲げ、高い意志を持ち、自らの人生を自らの手で切り拓いていくチャレンジ精神旺盛な生徒の育成をめざす横浜翠陵中学校（以下、横浜翠陵）。共学化を契機に教育内容、教育環境をより充実させ、進学面でも飛躍的な伸びをしめしています。

開校以来、多彩な国際理解教育を実践し、学校にいながらさまざまな国の人々と交流できる機会がたくさん設けられています。豊富な国際交流プログラムをとおして他者を知り、多様な価値観を知り、自分自身を見つめることができます。この「国際理解教育」と「人間力の育成」を柱に、新時代に合わせた改革に積極的に取り組む横浜翠陵のグローバルリーダーの育成は、さらに進化しています。

充実した英語教育も特色のひとつです。週5時間の英語の授業のうち、2時間でネイティブ教員と日本人教員による「アクティブイングリッシュ」を実施。「聞く」「話す」を中心に、学習した英語の力を実際に活用する機会になっています。中1・中2で行う「サマーイングリッシュキャンプ」では、総勢10人以上のネイティブ講師とともに、英会話合宿を行います。英語漬けの日々を過ごすことで、「話す」「聞く」のスキルをさらに磨くことができます。そして中学3年間で修得した英語力の実践の場として、中3では夏休みに約2週間、全員がニュージーランドで海外研修を行います。ホームステイや現地の小学生との交流は貴重な経験となっています。

アクティブイングリッシュ

共学化以降は理系教育にも力を入れています。実験・実習などの体験型プログラムで「科学的な思考力・表現力」を養います。中学生対象のサイエンスラボは、専門家の指導による本格的な実験で、食物のDNAの抽出やロボットのプログラミングなどにも挑戦しています。

また、生徒への学習フォローも手厚く行っています。勉強習慣づくり教室や成績個人面談、成績カルテの配付に、日々の学習を記録するチャレンジノートなど、担任はもちろん、学年全体、学校全体で一人ひとりを支援する体制が整っています。横浜翠陵の教育は時代の流れに合わせて、いまも確実に進化を続けています。

森上's eye!

独自の理系プロジェクトがとても魅力的な学校です

横浜翠陵は、中学から始める探究学習「翠陵グローバルプロジェクト」や独自の「DUT理論」で主体的に学ぶ姿勢を育てています。また、サイエンスラボ、筑波研究学園都市見学ツアー、土曜理系ゼミ、研究室訪問といった魅力的な理系プロジェクトで科学的な思考力・表現力を養っています。

SCHOOL DATA

横浜翠陵中学校〈共学校〉

所在地 神奈川県横浜市緑区三保町1

TEL 045-921-0301

URL https://www.suiryo.ed.jp/

アクセス JR横浜線「十日市場」徒歩20分またはバス 東急田園都市線「青葉台」・相鉄線「三ツ境」バス

オープンキャンパス
9月23日(土祝)10:00～

学校説明会&授業見学
9月9日(土)　10月14日(土)
10月28日(土)　12月16日(土)
各10:00～

適性検査型入試ミニ体験
11月18日(土)10:00～

模擬入試（2科・4科）
11月23日(木祝) 9:30～　※5・6年生対象

模擬入試（2科・適性検査型）
1月8日(月祝) 9:30～　※5・6年生対象

翠陵祭（文化祭）
11月4日(土)11:00～15:00(予定)
11月5日(日) 9:00～15:00(予定)

※すべて予約制です。

共立女子第二《きょうりつじょしだいに》中学校

多様な生徒を温かく迎える抜群の教育環境

共立女子第二中学校高等学校では学校活性化のためにさまざまなタイプの受験生を求めており、早くから適性検査型入試を実施してきました。多様な価値観を持つ生徒たちが伸びのびと成長していける、絶好の環境がここにはあります。

◆豊かな自然と充実した施設

共立女子第二中学校高等学校（以下、共立女子第二）は、誠実・勤勉・友愛という校訓のもと、高い知性・教養と技能を備え、品位高く人間性豊かな女性の育成に取り組んでいます。豊かな自然に恵まれたキャンパスは桜やバラなどの花で色鮮やかに演出され、伸びのびとした教育が展開されています。広大な校地には、総合グラウンド、9面テニスコート、ゴルフ練習場、6万冊の蔵書を持つ図書館などの充実した施設が設けられており、多くのクラブがその施設で活発に活動しています。

キャンパスは八王子市の丘陵地に立地していますが、八王子駅や高尾駅から無料のスクールバスが運行されています。路線バスとは異なり、すべて学校のスケジュールに沿ったダイヤが組まれているので大変便利です。災害などの緊急時にもすぐに対応できるメリットもあります。

◆生徒一人ひとりに合った学び 高校では新コース制スタート！

中学では、学習習慣の定着をはかるとともに、5教科の単位数を増やすなど、基礎基本の学力を身につけることを重視しています。中学3年次は国数英の3教科にグレード制を導入。個々の学力に応じた最適な授業が受けられるよう配慮しています。一方、抜群の環境をいかした体験重視の学びに力を入れ、探究心を育てます。

高校では2022年度より従来の特別進学コースと総合進学コースに加え、3年一貫の英語コースがスタートしました。コース全員がターム留学を体験しつつ、世界的に語学教育を展開するベルリッツとタイアップした独自のカリキュラムを導入し、英検準1級レベルの英語力の養成をめざします。また、高校2年より新たに共立進学コースもスタート。共立女子大学文系学部への進学希望者を対象に、高校3年次には大学生と同じ空間で学び、入学後には単位が認定されるKWU高大連携プログラムを新たに導入し、大学付属校ならではの豊かな学びの継続が実現できます。

◆特色ある英語教育

共立女子第二の英語の授業は特色があり、「4技能総合型授業」および「レイヤードメソッド」と名づけられたオリジナルの指導法に基づいて行っています。さまざまな音読トレーニングに反復して取り組むことで重層的に「英語のコア」をつくり上げていきます。家庭学習においては、1対1で行うオンライン英会話レッスンを全員が受講、話す力を磨いています。

また教科書を利用してドラマをつくり上げていくドラマメソッド集中講座、ブリティッシュヒルズにおける英語研修、高校においてはニュージーランド夏期ホームステイ研修やターム留学などさまざまな研修プログラムが導入されており、英語を体験する機会にあふれています。

◆堅実な進学実績

共立女子第二では、大学および短期大学への進学希望者がほぼ100％に達し、そのほとんどが進学しています。進学先としては、ここ数年、外部大学と共立女子大学・短期大学への進学はほぼ同じ比率になっています。社会科学系のビジネス学部や建築・デザイン学部が新設されたこと、また神田一ツ橋に校舎・組織を集中したことによって、共立女子大学・短期大学の人気にも根強いものがあります。

一方、共立女子大学の推薦で合格を保持したまま、さらに外部の大学を受験できる併願型特別推薦制度を設けるなど、安心して難度の高い大学にチャレンジできる環境を整えています。2022年度の卒業生も、国公立大学や難関私立大学、理系大学など、堅調に実績を残しています。一方、女子大学の人気上昇の流れを受けて、ここ数年、共立女子大学を第1志望とする生徒も増えてきています。

◆適性検査型入試

共立女子第二では多様な個性を持つ子どもたちの受験を期待し、さまざまな形式の入試を導入しています。そのひとつが公立中高一貫校との併願を可能とする適性検査型入試です。

共立女子第二では2010年度入試より適性検査型入試を実施しているので、来年度（2024年度）入試で早くも15回目を数えることになります。この積み重ねた実績が信頼を築き、とくに八王子多摩地区の多くの受験生を集めています。

また、入試の合計得点率（適性検査Ⅰ・Ⅱの合計点に対して何点得点したか）により奨学生を選考し、入学金・授業料などを免除する給付奨学金制度も導入しています。2023年度入試からは、基準も緩和されましたので詳細は学校説明会やホームページなどでご確認ください。

最後に、入試広報部主任の戸口義也先生から受験生へメッセージをいただきました。

「本校の適性検査型入試の受験生は、やはり公立中高一貫校との併願が多いのですが、公立中高一貫校に合格しながら本校への入学を希望する合格者もいます。公立中高一貫校にはない、そして本校だけにしかない価値がまちがいなくありますので、それを見出していただければうれしいです。

また最近では、本校を第1希望としながら、2科あるいは4科の入試ではなく、適性検査型入試でチャレンジする受験生も見られます。適性検査型入試以外にも英語（4技能型）入試など、さまざまな学習環境を持った生徒が受けやすい入試環境を整えていますので、ぜひ共立女子第二中学校を志望校のひとつにご検討ください！」

森上's eye!

共立女子大学に魅力ある学部がぞくぞくと新設！

共立女子大学は、ビジネス学部につづき、今年4月、建築・デザイン学部も新設されました。都心にキャンパスが集中していて魅力的な大学です。

共立女子第二では、共立女子大学の推薦合格を保持したまま外部大学を受験できる制度があり、安心してほかの難関大学をチャレンジすることができます。

SCHOOL DATA

共立女子第二中学校〈女子校〉

所在地 東京都八王子市元八王子町1-710
TEL 042-661-9952
URL https://www.kyoritsu-wu.ac.jp/nichukou/
アクセス JR中央線・京王線「高尾」スクールバス10分(無料)、JR各線「八王子」スクールバス20分(無料)

白亜祭（文化祭）
9月16日(土)・17日(日)
両日ともミニ説明会あり

学校説明会＋入試問題研究会（国・算）
10月14日(土)14:00～15:30
11月18日(土)10:00～11:30

入試説明会＋入試体験
12月2日(土)14:00～15:30(適性検査型)
12月17日(日)9:30～12:00(国算2科型)
1月6日(土)10:00～11:30

理科体験授業＋入試相談会（小5以下対象）
1月13日(土)14:00～15:30

※すべて予約制です。詳細はHPをご覧ください。

日本大学《にほんだいがく》中学校

未来を見据えた改革で新たな躍進に挑みます

日本大学の教育理念「自主創造」の3要素、「自ら学ぶ」「自ら考える」「自ら道をひらく」を体現し、生徒の夢の扉をひらく日本大学中学校。2030年の創設100周年、そして、その先の未来に向けて〝飛躍への挑戦〟をめざし、さまざまな教育プロジェクトが進行中です。

一人ひとりの夢の扉をひらく教育革新が進行中

日本大学中学校（以下、日大中）は、「生徒1人ひとりが、生涯にわたって学び続ける力を育み、自らの夢の扉をひらき、社会に貢献する」ことができる人材を育成することをミッションとしています。その実現のために、「常に高みをめざそう、目標を高く持とう」という思いを込めた教育スローガン「Aiming high!」を掲げた教育活動を展開し、さらに教育改革「SHINKA!プロジェクト」が進行中です。

「SHINKA!」とは日大中・高が進める教育改革プロジェクトの総称であり、さまざまな「進化・深化・新化・親化・芯化・真化・神化」を実現してほしいという願いがこめられています。このプロジェクトは、主体的・対話的で深い学びと協働する学びをより効果的に展開し、日本大学の付属校としてのポテンシャルを最大限にいかしつつ、国公立大学や難関私立大学への進学実績を着実に向上させることがねらいです。

「中高一貫2・1・3」システム 中3次プレコースに注目！

日大中では、2022年度より新しい教育の進化として「中高一貫2-1-3システム」がスタートしました。このシステムは、中高6年間を中1・中2の2年間、中3の1年間、高1～高3の3年間の3段階に分け、中3の1年間を高校0学年と位置づけ、高校のプレコース化をはかるユニークなものです。

具体的には、中1・中2の2年間のコースを探究・体験学習をつうじて新たな知識を主体的に学ぶ「アカデミックフロンティア（AF）コース」とグローバル教育を重視した「グローバルリーダーズ（GL）コース」の2コース制とし、中3の1年間を高校の「特別進学コース」「総合進学コース・スーパーグローバルクラス」の各プレコースとして位置づけるものです。

「これらの改革で2つの成果を期待しています。1つは学習面です。これまでも高校で希望のコースに進むために、生徒たちは中3から熱心に勉強に取り組んでいましたが、この新システムにより、これまでより1年早い中2から高校での進路選択に向けた勉強のスイッチを入れなければなりません。この年代での1年の差は大きいので、新システムの導入により、いま以上に学力が向上することを期待しています。

2つ目は総合的人間力の向上です。高校でのコース選択を中2の段階で考えるということは、大学進学や将来のキャリアを見据えることでもあります。本校の特長ある体験活動や研修でさまざまな気づきをうながし動機づけをすることで、志を立て目標を持ってもらいたいのです。その目標がしだいに夢へと深化していき、その夢の扉を自分の力でひらいていけるような〝自立した学習者〟になってほしいと願っています」と中学校教頭の齋藤善徳先生は話します。

新システムでは、中3で選択したプレコースとは異なるコースに興味を持った場合、高1進学時にコース変更が可能です。そのため、中学時代に将来の目標を2度じっくりと考える機会があり、高校でのコース選択のミスマッチを減らすことが可能です。

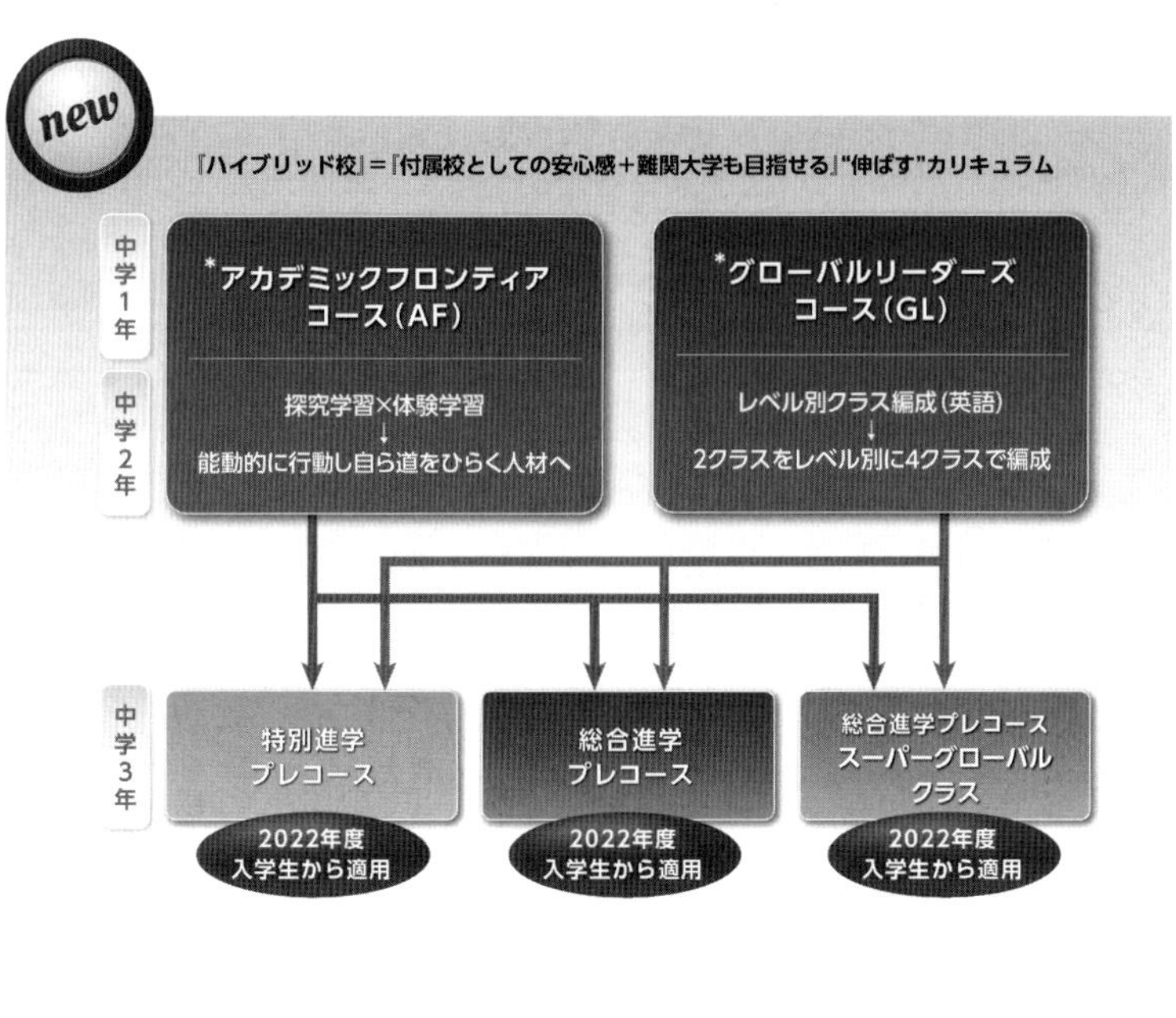

中1・中2が学ぶ2つのコース概要

AF・GLいずれのコースも、主体的な学びと体験型キャリア研修をとおして得られる気づきを重視していることが特長です。

AFコースは、特に〝探究学習〟を学びの中心に据え、全9教科でそれぞれが工夫しながら実施されています。各教科で行った探究の内容は、その後、よりよい授業を展開できるように全教員が共有しており、ともに考えながら日大中独自の〝探究学習〟を創りあげていきます。

「中1は探究学習の基礎と楽しさを学び、中2以降は、社会＋英語、理科＋英語のように各教科のコラボレーションによる教科横断型の〝探究学習〟を行っていきたいと考えています」（齋藤中学校教頭先生）

GLコースは、グローバル教育を重視したコースです。英語の授業は、2クラスをレベル別に4クラスに分けて実施しています。また、新たな取り組みとして、海外とのマンツーマンのオンライン英会話授業など、

それぞれの学力にあったきめ細かな指導を徹底しています。コロナ渦で3年間中止していた海外研修も、今年度より順次再開することが決まっており、中2はシンガポール研修、中3はオーストラリア研修が実施されます。そのほかにも、国内研修ではTGG（TOKYO GLOBAL GETEWAY）やブリティッシュヒルズでの語学研修を実施します。

「中3になる前にプレコースの選択をしなければいけないので、キャリア教育型の体験学習もスタートさせます。『なぜ・どうして？』という知的好奇心を持って、『どうする・どのような方法で？』という主体的・積極的に学ぶ姿勢を育んでいきます』（齋藤中学校教頭先生）

◆ハイブリッド校として さらなる高みをめざす！

日大中は、日本最大の総合大学である日本大学の付属校としての安定感と国公立大学や難関私立大学をめざせる進学校としての両面を持つハイブリッド校です。2022年度卒業生では、日本大学への進学者は約半数の50・9％。東京工業大学、東京農工大学、横浜国立大学、横浜市立大学などの国公立大学および早慶上理、GMARCHに43・1％が合格するなど、日大中のコース別教育が注目すべき結果を残しています。今後は「中高一貫2・1・3システム」の導入により、さらなる高みをめざした進路実現をめざします。

「中学受験を経験した生徒は、その受験勉強に取り組んだことが必ず将来の糧になります。本校は生徒一人ひとりの第1志望合格という夢と、将来の幸せな人生の実現のために、生徒に寄り添い、全力でサポートしていきます。

そして、『不易流行』の精神で、つねに新しい学びの進化をめざし、創設100周年に向け、これからも大きな目標を持って新しい改革にチャレンジしていきます」（齋藤中学校教頭先生）

スクール・ポリシーを明確にした教育を展開し、自立した学習者として夢の扉を自力でひらいていける生徒を育む日大中。さらなる高みをめざして教育改革「SHINKA！」を継続中です。

森上's eye!

「中高一貫2-1-3システム」でハイブリッド校化を促進

大学付属校ならではのおおらかな校風を持ちつつ、国公立大学や難関私立大学への進学もめざせる進学校として人気の高い学校です。

「中高一貫2-1-3システム」は、早い段階で将来の目標設定が可能になり、学力的にも人間的にも大きく成長できる新たな取り組みとして注目です。

SCHOOL DATA

日本大学中学校〈共学校〉

所在地 神奈川県横浜市港北区箕輪町2-9-1
TEL 045-560-2600
URL https://www.yokohama.hs.nihon-u.ac.jp/junior/
アクセス 東急東横線・目黒線・新横浜線・横浜市営地下鉄グリーンライン「日吉」徒歩12分

学校説明会
10月21日(土)
11月11日(土)
11月25日(土)

桜苑祭（文化祭）
9月16日(土)
9月17日(日)

学校見学会
Webサイトからの事前の申し込みが必要です。
※説明会実施時期の感染状況により、実施方法はオンラインでの開催を含めまして変更になる場合もございます。詳細は同校ホームページにてご確認ください。

佼《こう》成《せい》学《がく》園《えん》女《じょ》子《し》中学校

英語の佼成といわれる確かな英語力を育成

「国際社会で平和構築に貢献できる人材の育成」を設立理念とする佼成学園女子中学校。伝統ある英語教育と21世紀型教育を推進し、世界基準の女子リーダーの育成をめざします。

探究学習を推進し 主体的・対話的な学びを促す

2020年度より、「中間試験の廃止」「チーム担任制」「新時間割」など、新たな学校改革を推進する佼成学園女子中学校（以下、佼成女子）。授業には、プレゼンテーション、ディスカッション、グループワークなどを多く取り入れ、特別提携大学との高大連携授業を進めるなど、その学び方にも大きな変化が生まれています。

佼成女子がとくに力を入れているのが「探究学習」で、ものごとを多角的に考察し、対話的に学ぶ力を伸ばしていきます。まず中学では、身近な課題を設定し「自ら学び、自ら考える」とはどういうものかという探究学習をスタートします。

高校では総合的な探究の時間を利用し、高1は、クラス単位の講義とグループワークをつうじて、問いの立て方や情報収集の方法など、課題研究の基礎的な方法論を学びます。高2ではコース単位で独自の探究学習ゼミナールを行っており、国際コースは海外フィールドワークをもとに、特進コースでは少人数ゼミナールを開講し、進学コースは「クエストエデュケーション」プログラムでそれぞれの探究を進めていきます。そして、学年末に中1から高2の全生徒が参加して行われる「Presentation day」で、個々の探究学習の成果を発表します。

Presentation day

「探究学習で重要なのは、いま現在、課題解決が求められるような探究であること、その研究発表の場がしっかりとあること、そしてその発表を聴く人がコメントを返しながら学びを深めていくことが重要です。本校は、この『Presentation day』を学校行事の一環としてこれからも大切にしていきたいと考えています」と校長の榎並紳吉先生は語ります。

また、高2では、18歳成人を前に、自分の将来をじっくり考える時間として、新カリキュラム「キャリアデザイン」を導入しました。この授業の特徴は、現在、特別提携を進めている成城大学（すでに包括協定締結）、東京都市大学などの講義に参加できる点にあり、その大学に入学した場合、参加した講義の単位認定まで視野に入れた新しい学びとして注目されています。

特色ある英語・グローバル教育

佼成女子では、ひとつの教科ができるようになるとほかの教科に波及し、すべての学力の伸びにつながっていく、「Transfer of learning（学習の移転）」の考えをもとに、英語を基軸教科と位置づけて学力の向上に取り組んでいます。

年2回実施される「英検まつり」もそのひとつで、実施期間中は毎朝30分の「英単語チャレンジ」、放課後には「受検級別対策講座」を開講、2次試験（面接）対策としてネイティブ教員とのマンツーマンレッスンを行うなど、持続性・協調性といった女子校ならではの特性をいかした学習方法で、クラス単位で英語検定にチャレンジしています。その結果、過去3年間で、中高で英検1級に10名（うち5名は中学生）、準1級に100名（うち24名は中学生）が合格、2022年3月・中3終了時点の英検準2級以上取得率は81%と、年々、その取得率は増加傾向にあります。

日々の授業では、中1は、帰国生の取り出し授業などはせず、英語経験者（英検3級以上取得者）と未経験者をB、A、Sの3クラスに分けてそれぞれの理解度に合わせたきめ細かな授業を行っています。今年度の特別な取り組みとして、Sクラスではネイティブ教員と日本人教員が合同で実験や科学探究といったサイエンスの授業を英語で行っています。

ネイティブ教員の授業

また、20年以上続くイマージョン教育も佼成女子の魅力のひとつです。美術と音楽をネイティブ教員による英語イマージョンで行うことで、佼成女子がめざすSTEAM教育の根幹が形成されていきます。

そして中学の集大成として、中3の1月にニュージーランド修学旅行（6泊7日）を実施しています。希望者はそのままニュージーランドに滞在し、2か月間の中期留学に参加することもできるプログラムです。

◆高校は将来の目標から選択できる3コース制

高校には、国際コース（留学クラス・スーパーグローバルクラス）、特進コース、そして進学コースの特色ある3コースがあります。

【国際コース・留学クラス】

ニュージーランドの提携高校に全員が1年間留学するクラスです。留学準備プログラムも万全で留学中は現地駐在スタッフが生徒の日々のサポートをします。親元を離れてのホームステイで、圧倒的な英語力と人間力が養われます。

中3・ニュージーランド修学旅行

【国際コース・スーパーグローバルクラス】

課題研究を通じて主体的な研究力・課題解決力を養います。カリキュラムは特進コースと同じで国公立大学受験にも対応しています。2年次のタイ・フィールドワーク、3年次の英国ロンドン大学研修を柱に、世界で生き抜くための「国際感覚」を養います。

【特進コース】

ハイレベルな授業で難関私立大学・国公立大学への合格をめざすコースです。放課後講習（校内予備校）を有効に活用し、理系志望者は1年次から数学と理科の特設授業を受講することができます。

【進学コース】

勉強だけでなく部活動にも全力で取り組みたい生徒のためのコースです。豊富な指定校推薦と総合型選抜で、毎年多くの生徒が希望の大学へ進学しています。ハンドボール部・バスケットボール部・吹奏楽部が強化部活動に指定されています。

◆トップレベル講習と総合型選抜で難関大学への進学めざす

難関大学への合格実績も着実に向上しており、2023年度大学入試では、国公立大学3名、早慶上智34名、なかでも上智大学に19名が合格した点は注目です。G-MARCH 37名の合格実績も残しています。この合格実績の背景にあるのが、佼成女子が推進する探究学習です。総合型選抜で目標大学をめざす生徒には必須の学習となっており、年々、その傾向が高まっています。また、佼成学園（男子校）と共同で実施するトップレベル講習も難関大学をめざすうえで効果的に作用しています。

「私が最も大切にしたいのは人間性、人に好かれることです。人に好かれるために、まず大切なことが『あいさつ』です。誰にでも笑顔で明るくあいさつを返せば、かならず好感を持たれるはずです。

今後は、佼成女子をいま以上に笑顔のあふれる明るい学校にして、社会で活躍できる主体性のある伸びのびとした女性を育成していきたいと思います」（榎並校長先生）

ロンドン大学での研修

森上's eye!

国際感覚豊かな探究学習 真の高大連携を推進

2020年度から始まった学校改革は、さらに進化して進行中です。探究学習の発表の場としてスタートした「Presentation day」は佼成女子の新たな学校行事となっています。

成城大学をはじめとした真の高大連携を進めており、新カリキュラム「キャリアデザイン」にも注目です。

SCHOOL DATA

佼成学園女子中学校〈女子校〉

所在地 東京都世田谷区給田2-1-1
アクセス 京王線「千歳烏山」徒歩5分、小田急線「千歳船橋」・「成城学園前」バス15分
TEL 03-3300-2351
URL https://www.girls.kosei.ac.jp/

学校説明会	
9月30日(土)	10月14日(土)
11月4日(土)	11月25日(土)
12月10日(日)	1月13日(土)

乙女祭（文化祭）	
10月21日(土)・22日(日)	

夜の入試個別相談会	
11月15日(水)	11月22日(水)
11月28日(火)	11月30日(木)
12月5日(火)	12月7日(木)

修徳《しゅうとく》中学校

君はもっとできるはずだ!

「恩に気づき、恩に報いる」という建学の精神をベースに、徳育・知育・体育のバランスのとれた三位一体教育を実践する修徳中学校。進化したプログレス学習システムで、自ら学び、考え、行動する力を養います。

◆学習アプリと連携した授業 プログレス学習を推進!

これからの社会で必要とされる「自ら主体的に学ぶ姿勢」を身につけるための独自の学習システム「プログレス」を展開する修徳中学校・高等学校(以下、修徳)。民間の学習アプリを主要教科の授業に取り入れ、「プログレス学習センター」とも連携した新たな「プログレス」を展開しています。

「この学習アプリを導入した目的のひとつは、コロナ禍で登校できなくなった生徒にも登校している生徒と同等の授業を提供することにあります。また、クラスによって多少進度は異なりますが、生徒全員が同じ授業を、それもレベルの高い授業を受けることができることも目的のひとつです。個々の進度に応じて、いろいろな学習アプリを利用できるので、有効に活用したいと考えています」と教頭の小笠原健晴先生は語ります。

修徳では、「授業での集中力」「家庭での学習」を習慣づける独自のシステムとして「プログレス」を実施しています。学習システム「ELST®」を用いて英語4技能のトレーニングを行い、火・金曜日には「英単語テスト」を実施。また、「Studyplus」を使い生徒それぞれの学習記録を管理することで、学習習慣の定着につなげています。

Team Teaching

そして放課後には、全生徒を対象とした60分以上の自主・自律学習が、校舎に隣接した「プログレス学習センター」で義務づけられています。これを放課後プログレスと称し、部活動前はもちろん、部活動後にも多くの生徒が「プログレス学習センター」で自習する姿がみられます。

この取り組み以外にも、中学入学前に修徳独自のテキストで国語・数学・英語を学ぶスタートプログレスなど、自立した学習習慣を確立するためにさまざまな取り組みがプログレス学習として行われています。

プログレス学習センター

◆大学受験専用棟「プログレス学習センター」

修徳が誇る学習施設が、校舎に隣接する3階建ての「プログレス学習センター」です。２０１４年に大学受験専用学習棟として建設され、現在は、中1から高3まで自学自習の拠点として幅広く活用されています。

プログレス学習センターの1階には、80席の独立した自習席が整備されたプログレスホールやインターネット上で講義を視聴できるＶＯＤ学習のためのコンピュータールーム、生徒の学習相談や進路指導を行うカンファレンスルームなどがあります。

2階は仲間とともに学びあうスペースで、壁面の色が集中力を高めるブルー、理解力を高めるイエロー、リフレッシュ効果のあるグリーンの3つの講習室があり、放課後プログレスや高校生向けのハイレベル講習が行われています。

3階は第1志望を勝ち取るための個別学習ゾーンです。学習サプリを運営する企業から派遣された講師とチューターを配置し、1対1の完全個別指導を受けることができます。

また、グループ学習のためのコモンルームや気分転換ができるカフェラウンジもあり、生徒それぞれの目的に合わせて利用することができます。

「1階から3階の施設全体で約３５０席の自習席があります。ふだんは毎日２００人ぐらいの生徒が利用していて、定期試験前はすぐに満席になるのですが、ＩＤカードで全生徒の入退室を管理していますので、大学受験を控えた高3生には優先的に席が割り振られるようになっています。学習アプリとも連携した運営を行っていますので、質問や相談など、これまで以上に利用しやすくなっています。
　また、土曜日も夜9時まで利用でき、学習をサポートするチューターも常駐していますので、多くの生徒が利用しています。いまではこの『プログレス学習センター』は、本校に欠かすことのできない特別な施設です」（小笠原教頭先生）

◆学校生活をより楽しむ 学校行事と部活動

　ここ数年、コロナ禍で学校行事などが思うように実施できていないこともあり、修徳では、生徒同士がより親交を深めることができるように、中高ともに全学年を対象にした、「友達づくり親睦会」を実施しています。

English Camp

「今年も先日、千葉県野田市の清水公園に行き、みんなでカレーをつくって食べました。よみうりランドでのバーベキューも実施予定です。この『友達づくり親睦会』は学校長の発案なのですが、日帰りで気軽に参加できるので生徒たちはとても楽しんでいます。また、学校行事もコロナ禍前とほぼ同じ内容で実施する予定で、6月のスポーツ大会から始まって9月に文化祭、10月に体育祭、11月には修学旅行（中3）も実施します。今年も昨年と同じ北陸方面に行く予定です」（小笠原教頭先生）
　また、修徳ならではの新たな部活動の仕組みも生徒に好評です。
「これまで個々に活動していた文化部を『総合文化部』として1つの部に統合しました。科学部を科学班、家庭科部を家庭科班などとし、生徒が自分の好きな活動（班）に自由に参加できるような仕組みをつくりました。週3日を目安に活動していて、軽音楽班（高校）などの新しいクラブも始まっています。今後は、生徒からもいろいろなアイデアを募集して活動を広げていきたいと考えています」（小笠原教頭先生）

◆2024年度入試概要 コース制を一部変更

　2024年度入試も特進クラスと進学クラスでの募集となり、入試の結果でクラス分けを行います。
　入試日程は、2月1日（木）午前・午後、2月2日（金）午前・午後、2月3日（土）午後、2月4日（日）午後、2月5日（月）午後の全7回の予定です。試験科目は各入試で異なりますが、国・算・英から2科目選択型、国・算・英から1科目選択型、公立中高一貫入試対応型（作文）の3種類を実施予定です。
「2023年度入試では、1科目選択・2科目選択のいずれも英語を選択する受験生が増えています。本校の英語の入試問題は、英検4級程度を目安にしていますので、ぜひチャレンジしてみてください。年々上位校との併願が多くなっているので、大学進学実績の向上に向けた改革を進めて参ります」（小笠原教頭先生）
「恩に気づき、恩に報いる」ことのできる人になれるように、全力でサポートする修徳。生徒の未来をともに創造していく学校です。

東京グローバルゲートウェイ

森上's eye!

大学進学のための学びだけではなく学校生活を楽しむ仕掛けが満載

　独自の学習施設「プログレス学習センター」では、日々の学習の補完だけではなく、大学受験のためのさまざまな受験対策や相談が行えることもあり、多くの生徒が利用しています。また、「友達づくり親睦会」や新たな部活動の仕組みなど学校生活を楽しく過ごすためのユニークな取り組みも始まっています。

SCHOOL DATA

修徳中学校〈共学校〉

所在地 東京都葛飾区青戸8-10-1　アクセス 地下鉄千代田線・JR常磐線「亀有」徒歩12分、京成線「青砥」徒歩17分
TEL 03-3601-0116
URL http://shutoku.ac.jp/

学校説明会　予約不要

10月14日(土)	11月４日(土)	11月25日(土)	１月６日(土)
10月21日(土)	11月11日(土)	12月２日(土)	１月13日(土)
10月28日(土)	11月18日(土)	12月９日(土)	各14:00～16:00

藤村女子《ふじむらじょし》中学校

吉祥寺を舞台に生徒の得意を伸ばします

藤村女子中学校は時代の変化にともない、2022年に大きく変革しました。中学では特色ある3つのオリジナル授業を、高校では魅力あふれる3つのコースを用意し、予測困難な時代においても自ら道を切り拓いていける力を養っていきます。

◆オリジナル授業で生徒の得意をのばす

1932年の創立以来、「知・徳・体」を兼ね備えた個性豊かな女子の育成に取り組む藤村女子中学校・高等学校（以下、藤村女子）。これからの新しい時代に必要とされる人間力を育てるための教育改革が進行中です。

「これから生徒たちが生きていく時代は、私たちが想像できない世界だと思います。その時代を生き抜いていくためには、自ら考え行動する力が必要になってきます。これを本校では『生きる力』とし、中学では3つのオリジナル授業『自己表現』『自己探究』『自己研鑽』と『ふじ活』と呼ぶ探究を行い、高校では3つのコースを用意して、生徒それぞれの得意分野を伸ばしていきたいと考えています」と校長の廣瀬真奈美先生は話されます。

中学で週1時間行われているオリジナル授業のうち、まず「自己表現」の授業で培うのは、おもにプレゼンテーションの力です。「自分の思いを的確に伝える」ことを意識した資料のつくり方や発表の仕方、さらに聞き手としての心がまえなど、プレゼンテーションにまつわるさまざまなことを学び、実践していきます。英語での発表や、外部コンクールへの出場など、多様な手法で生徒の力を伸ばしていきます。

吉祥寺駅から徒歩5分 街も学びのフィールド

「自己探究」は、世の中の多彩なエンターテイメントを学問の視点から学んでいくユニークな授業です。

「いくらAI（人工知能）が発達しても人の感情を揺さぶるのは人間の力の方が長けているはずです。この授業では人を喜ばせる楽しさを知り、人びとの感情をどう動かしていきたいのか、そしてどんな職業に就きたいのかを考えるきっかけにつながればと考えています」（廣瀬校長先生）

「自己研鑽」は、漢検・英検などの検定試験合格をめざして、少人数のグループで教えあい、学びあう時間です。導入2年目となり漢検・英検の合格率も上がっており、今年度から中1・中2では、それぞれの取得級に分けた授業を行っています。また、英語の授業では、英検準2級以上の生徒は、週5時間の授業のうち3時間をネイティブ教員によるオールイングリッシュの授業を行うなど、「自己研鑽」の成果が徐々に見え始めています。

「仲間といっしょに取り組むことで、生徒同士の学びあいが広まっていて、教員はファシリテーターとして生徒に寄り添いながら授業を進めています」（廣瀬校長先生）

◆フィールドワーク「ふじ活」と個性が際立つ高校の3コース

藤村女子では、以前から行ってきたフィールドワークを「ふじ活」という探究学習として実施しています。中1～中3が学年の枠を越えてグループを組み、3年間かけて吉祥寺の街を舞台に6種類のフィールドワーク（探究活動）に取り組んでいます。

『ふじ活』は課題解決型の探究です。3学年を縦割りでグループ分けしていますので、各学年とも刺激を受け、とてもいい相乗効果が生まれています」（廣瀬校長先生）

グループで検定に挑戦！ 「自己研鑽」の授業

そして、高校では3つのコースで、生徒の個性を伸ばしていきます。

まず、「アカデミッククエストコース」では、「興味を広げる」探究学習を行っています。将来の進路を考えるうえで、自分の興味関心を知ることがまず大切です。そのために、高1では現代社会の課題と向きあった課題研究論文の作成や吉祥寺が抱える課題について杏林大学のゼミに参加し、大学生と協働しながら解決策を探る「地域活性化プロジェクト」などさまざまな体験をしていきます。そして高2では、企業が提示する課題について考え、解決方法を企業にプレゼンテーションします。

つづいて「キャリアデザインコース」で重要となるのは「自分を深める」です。高1では、世界にひとつだけの修学旅行を自分たちでつくりあげる「修学旅行をプロデュース」を実施、情報経営イノベーション専門職大学の教授による「マーケティング」「リーダーシップ」「マネージメント」の講義などが開講されます。

そして、3つ目の「スポーツウェルネスコース」は、アクティブな学びをとおして、人がより健康に生きるためのウェルネス社会について考えていきます。特色は、「スクーバダイビング実習」「スポーツ栄養学」「テーピング実習」「セルフメンタルマネージメント」など、従来の「保健体育」の枠には収まらない実習を行っている点で、順天堂大学の女性スポーツ研究センターと協定を結び、リーダーシップに特化した学びも行っています。そして高2からは、個々の進路に合わせて「教育・医療専攻」と「スポーツ健康専攻」に分かれ、より深い学びを行っていきます。

アカデミッククエストコースの吉祥寺探究

また、藤村女子では、今年度から自習室をリニューアルしました。大学生の学習メンターに質問しながら仲間といっしょに学びあう「メンターカフェ」、ひとりで静かに集中する「サイレント自習室」、そして進路について相談できる「学習相談室」の3つの自習室を用意し、90以上の放課後講座などで生徒の進路実現をサポートしています。

◆「国語1科目表現力入試」に加え「自己アピール入試」を導入

2024年度入試では、「自己アピール入試」（1日・午後）を新たに導入します。また、今春から導入した「国語1科目表現力入試」（1日・午後）も実施、「適性検査型入試」（1日・午前）の検査問題は、今年度入試と同様に都立三鷹中等教育学校を意識した問題に特化します。

『自己アピール入試』では、自分の得意とするものを、プレゼンテーションでも身体表現でも、どんな形でもかまいませんので、思いっきり表現してほしいです。また、『国語1科目表現力入試』は、私が作問しますので、みなさんが取り組みやすい問題にしようと考えています。

これからの世界は、ますます先行きが不透明で予測が困難な時代になっていくと思います。だからこそ、みなさんには、自分の限界を自分自身で決めずにいろいろなことにチャレンジするマインドを持ってほしいと思います。その土台をつくるのは中高だと思いますので、本校ではみなさんがそれぞれ持っている個性、得意を伸ばしていける学びを行っていきたいと考えています。そしてみなさんも自分自身を肯定して、自分も社会の立派な一員だという意識を持って中学へ入学し、学びをつづけてください」（廣瀬校長先生）

新たな教育プログラムを導入し2年目となる藤村女子。生徒をワクワクさせる改革が進んでいます。

ふじ活のゼミ発表会（マインクラフトの活動報告）

森上's eye!

新教育プログラム導入2年目 今年はその真価が問われる

昨年度から始まった中学のオリジナル授業や探究学習「ふじ活」が生徒のなかに浸透しているようで、その成果が少しずつ現れています。

2024年度入試で新たに導入する「自己アピール入試」には、どのような生徒が挑戦するのでしょうか。ユニークな入試になりそうで、興味深く見守っています。

SCHOOL DATA

藤村女子中学校〈女子校〉

所在地 東京都武蔵野市吉祥寺本町2-16-3
TEL 0422-22-1266
URL https://fujimura.ed.jp/
アクセス JR中央線・京王井の頭線・地下鉄東西線「吉祥寺」徒歩5分

入試体験会	授業見学会
10月21日(土)	9月16日(土)
11月11日(土)	10月14日(土)
12月9日(土)	11月4日(土)
1月13日(土)	

文化祭
9月30日(土)・10月1日(日)

※イベントはすべて予約制です。
一部変更になる場合がございますので、詳細はHPよりご確認ください。

安田学園中学校《やすだがくえん》

早慶上理の合格者が驚異的な右肩上がり！

安田学園中学校・高等学校は、「自学創造」を教育目標に掲げ、自ら考え学ぶ力を伸ばす授業をとおして創造的学力と人間力を身につけ、21世紀のグローバル社会で貢献する人材の育成に取り組んでいます。

◆学校完結型の学習環境で難関大学の合格実績が急伸！

２０２３年度大学入試においても難関大学の合格実績を伸ばした安田学園中学校・高等学校（以下、安田学園）。その合格実績のなかでもとくに注目したいのが、早慶上理ＩＣＵの合格者です。２０２１年度は63名だった合格者が、わずか2年で2倍超の137名になるなど、驚異的な右肩上がりをしめしています。

また、徳島大学、防衛医科大学校、国際医療福祉大学の医学科へ合格者をだすなど、少しずつ生徒の進路先にも変化がみられます。広報部長の藤村高史先生にうかがうと、「本校は、どの教科でも『根拠を追究』し、『なぜ？』を考える時間を大事にし、生徒が自ら考え学ぶ授業を核とした『学び力伸長システム』を展開しています。

また、高2・3学期からの『進学力伸長システム』では、放課後に大学群別に進学講座を開講していますので、塾や予備校に通うことなく、学校内で主体的に受験勉強を進めることができます。さらに探究プログラムで身につけた論理的思考力も最難関大学を突破する力になっていると思います」と話されます。

「学び力伸長システム」は、自ら考え学ぶ授業を核として、学ぶことの楽しさをつかみ、自分に合った学習法を確立していきます。年5回の定期試験前「独習ウィーク」や年3回学期末の「独習デー」、放課後補習や中学集大成テストなどがあり、生徒の生活・学習習慣を確立するためのさまざまなプログラムが用意されています。

「進学力伸長システム」は、最難関大学入試に対応できる学力をつけていくプログラムです。放課後進学講座、進学合宿、夏期・冬期講習、大学入学共通テスト模試演習講座などがあり、2月の国立大学2次試験の直前までつづけられるため、生徒は最後まであきらめずに第1志望へチャレンジすることができます。

これらの取り組みを「学校完結型の学習環境」と表現し、生徒一人ひとりの進路実現に向けてきめ細かくサポートしていきます。

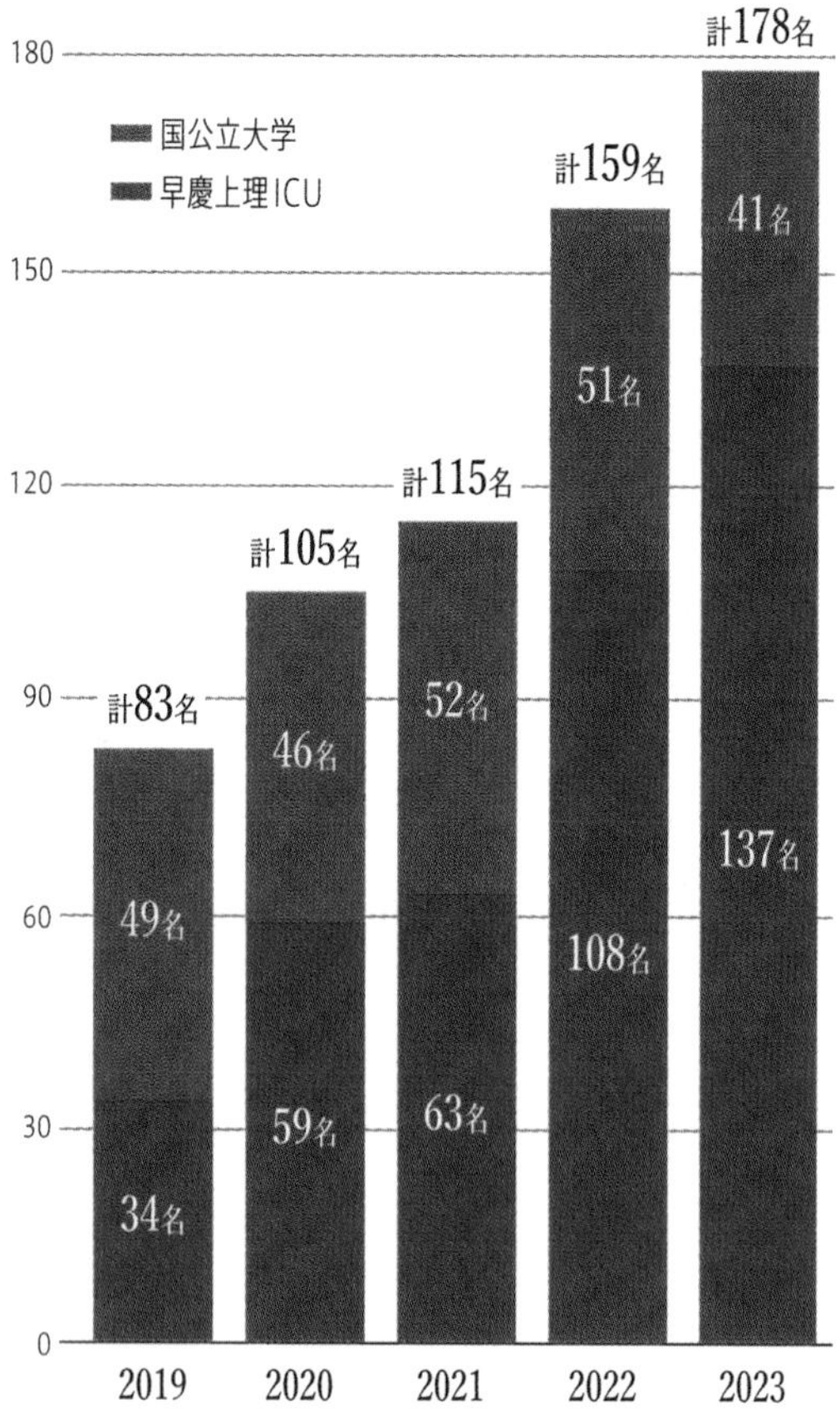

◆思考力・表現力・創造力を生みだす探究プログラム

近年の大学合格実績の要因につながっているもう1つの特徴が、探究プログラムです。中学は週1時間、高校では週2時間の総合的な探究の授業として行われており、「疑問・課題⇒仮説の設定⇒検証（調査・観察・実験）⇒新しい仮説や疑問⇒…」という活動を繰り返し、根拠を持って論理的に探究することを学びます。

1年生は「自然科学探究」で探究の基礎を学び、2年生は「社会科学探究」でグループ探究を深めていきます。3年生の「地域研究」では、課題を発見・解決する話しあいを実践します。そして4年生からは「個人探究」に入り、これまで培った探究力をいかしてそれぞれの探究を深

めていきます。5年生では、個人探究の成果をイギリス・オックスフォード大学のハートフォード・カレッジで教授や大学生にむけて英語で発表・ディスカッションをし、国際的視野を広げます。

　また、批判的・論理的・迅速的な思考力を養成する目的で、3年次の社会科ではディベート授業も実施しています。

◆安田学園の英語・グローバル教育

　安田学園は、大学入試のための英語力も重要だと考えていますが、世界で活躍するためのコミュニケーションツールとして英語が使えるようになることに注力しています。

　英語の授業は、日本人教員とネイティブ教員が連携しながら授業を行っています。授業の冒頭5分間は「リスニング」、中1から自分の考えを英語で書く「ライティング」、ペアワークやオンライン英会話などの「スピーキング」、さらに図書館に収蔵された6500冊の洋書をいかした「リーディング（多読）」と、授業のなかで4技能をバランスよく習得していきます。授業以外では、毎年行われている「スピーチコンテスト」や年5回実施される「英単語コンテスト」などがあり、成績優秀者に表彰状や記念品が授与されるなど、生徒のモチベーションを高める工夫もされています。

　また、グローバル体験も安田学園の魅力の1つです。出願時のアンケートでは、約半数の受験生がグローバル体験に興味があると回答しており、今年度の実施内容が注目されます。

「今年の1月からの3か月短期留学（ニュージーランド、オーストラリア）には、高1・高2の希望者70名が参加しました。また、昨夏に実施できなかったニュージーランド語学研修をこの3月に行い、こちらには中2～高2までの希望者200名が参加しています。これらの参加人数には正直驚いていますが、これまで学んできた英語力や探究力を海外で試してみたいと考える生徒が多いのだと感心しています。今夏にはニュージーランド語学研修を実施する予定ですし、探究学習の集大成となるイギリスでのグローバル探究（高2全員）も行う予定です」（藤村先生）

◆次の100年を見据えた新たなチャレンジ

　安田学園は今年、創立100周年を迎えました。男女ともに制服を一新し、また、今年度入試から先進コースのみ募集とするなど、新たな歴史を刻み始めています。

「先進コースのみの募集となり、合格者平均点が少し上がりました。塾の先生からも合格する生徒の層が変わってきたと言われていますが、本校の学びのスタイルには変更はありません。優秀な生徒さんが多く入学してくれるようになりましたので、より高度な内容に特化していきたいと思います。

　中高一貫校では、大学進学がひとつの目標だとすると、その達成のために6年間でどんなレールが敷かれているのかが大事だと思います。本校は『自学創造』の教育理念のもと、学校完結型の学習環境、探究プログラム、そしてグローバル教育でそのレールを組んでいきます。創立100周年を迎え、つぎの目標は、いま以上に丁寧な学びで、国公立大学へ50％の生徒が進学する学校にしたいと思います。そして受験生のみなさんから第1志望に選ばれる学校をめざします」（藤村先生）

森上's eye!

創立100周年を機に新たな歴史に挑戦する学校

　今年度もやはり、先進コースの卒業生の増加にともない難関大学の合格実績が増加しています。とくに早慶上理ICUへの合格者急増と医学科への合格者を増やすなど、次のステップへと向かい始めているようです。

　また、中2から高2まで、希望すれば毎年グローバル体験ができるのも安田学園の魅力ではないでしょうか。

SCHOOL DATA

安田学園中学校〈共学校〉

所在地 東京都墨田区横網2-2-25
URL https://www.yasuda.ed.jp/
TEL 0120-501-528（入試広報室直通）
アクセス JR総武線「両国」徒歩6分、都営大江戸線「両国」徒歩3分、都営浅草線「蔵前」徒歩10分

学校説明会

9月16日(土)
9：00～/10：00～/14：30～
10月 7 日(土)
9：00～/10：00～/14：30～
10月28日(土)14：30～/15：30～
11月 3 日(祝) 9：00～/10：00～
12月 2 日(土)14：30～/15：50～
※入試傾向と対策
1 月 6 日(土)13：00～/14：20～
※入試傾向と対策

※すべて予約制です。

首都圏公立中高一貫校入試日程一覧 2024年度

▒の部分は未発表(8/18現在)のため昨年度の内容になります。かならず各校HPでご確認ください。

東京都	募集区分	募集人員	願書受付		検査日	発表日	手続期限	検査等の方法
			開始日	終了日				
都立桜修館中等教育学校	一般	男女各80	1/12	1/18	2/3	2/9	2/13	適性検査Ⅰ・Ⅱ
都立大泉高等学校附属中学校	一般	男女各80	1/12	1/18	2/3	2/9	2/13	適性検査Ⅰ・Ⅱ・Ⅲ
千代田区立九段中等教育学校	区分A※1	80	1/18	1/19	2/3	2/9	2/10	適性検査1・2・3
	区分B※2	80	1/11	1/17	2/3	2/9	2/10	適性検査1・2・3
都立小石川中等教育学校	特別※3	男女各80 (含特別5以内)	1/12	1/18	2/1	2/2	2/2	面接・作文
	一般		1/12	1/18	2/3	2/9	2/13	適性検査Ⅰ・Ⅱ・Ⅲ
都立立川国際中等教育学校	海外帰国・在京外国人	30	1/8	1/9	1/25	1/31	1/31	面接・作文
	一般	男女各65	1/12	1/18	2/3	2/9	2/13	適性検査Ⅰ・Ⅱ
都立白鷗高等学校附属中学校	海外帰国・在京外国人	30	1/8	1/9	1/25	1/31	1/31	面接・作文
	特別※4	男女各85 (含特別6以内)	1/12	1/18	2/1	2/2	2/2	面接(囲碁・将棋は実技検査あり)
	一般		1/12	1/18	2/3	2/9	2/13	適性検査Ⅰ・Ⅱ・Ⅲ
都立富士高等学校附属中学校	一般	男女各80	1/12	1/18	2/3	2/9	2/13	適性検査Ⅰ・Ⅱ・Ⅲ
都立三鷹中等教育学校	一般	男女各80	1/12	1/18	2/3	2/9	2/13	適性検査Ⅰ・Ⅱ
都立南多摩中等教育学校	一般	男女各80	1/12	1/18	2/3	2/9	2/13	適性検査Ⅰ・Ⅱ
都立武蔵高等学校附属中学校	一般	男女各80	1/12	1/18	2/3	2/9	2/13	適性検査Ⅰ・Ⅱ・Ⅲ
都立両国高等学校附属中学校	一般	男女各80	1/12	1/18	2/3	2/9	2/13	適性検査Ⅰ・Ⅱ・Ⅲ

※1 千代田区民 ※2 千代田区民以外の都民 ※3 自然科学(全国科学コンクール個人の部で上位入賞した者) ※4 日本の伝統文化(囲碁・将棋、邦楽、邦舞・演劇)

※募集区分はすべて一般枠

神奈川県	募集人員	願書受付		検査日	発表日	手続期限	検査等の方法
		開始日	終了日				
県立相模原中等教育学校	160	1/9	1/11	2/3	2/10	2/13	適性検査Ⅰ・Ⅱ(マークシート方式)
県立平塚中等教育学校	160	1/9	1/11	2/3	2/10	2/13	
横浜市立南高等学校附属中学校	160	1/4	1/9	2/3	2/10	2/11	適性検査Ⅰ・Ⅱ
横浜市立横浜サイエンスフロンティア高等学校附属中学校	80	1/4	1/9	2/3	2/10	2/11	適性検査Ⅰ・Ⅱ
川崎市立川崎高等学校附属中学校	120	1/9	1/11	2/3	2/10	2/11	適性検査Ⅰ・Ⅱ

※募集区分はすべて一般枠

千葉県	募集人員	願書受付		検査日	発表日	手続期限	検査等の方法
		開始日	終了日				
県立千葉中学校	80	願書等11/20 報告書・志願理由書等 1/10	願書等11/22 報告書・志願理由書等 1/11	一次検査12/9 二次検査1/24	一次検査12/20 二次検査1/31	2/1	一次 適性検査 二次 適性検査・面接等
県立東葛飾中学校	80	願書等11/20 報告書・志願理由書等 1/10	願書等11/22 報告書・志願理由書等 1/11	一次検査12/9 二次検査1/24	一次検査12/20 二次検査1/31	2/1	一次 適性検査 二次 適性検査・面接等
千葉市立稲毛国際中等教育学校	160	願書等11/9 報告書・志願理由書等 1/9	願書等11/13 報告書・志願理由書等 1/11	一次検査12/9 二次検査1/24	一次検査12/15 二次検査2/1	2/5	一次 適性検査Ⅰ・Ⅱ 二次 適性検査Ⅲ・面接

埼玉県	募集区分	募集人員	願書受付		検査日	発表日	手続期限	検査等の方法
			開始日	終了日				
県立伊奈学園中学校	一般	80	12/22	12/26	第一次選考1/13 第二次選考1/20	第一次選考1/18 第二次選考1/25	2/6	第一次 作文Ⅰ・Ⅱ 第二次 面接
さいたま市立浦和中学校(予定)	一般	男女各40	12/26	12/30	第1次選抜1/13 第2次選抜1/20	第1次選抜1/17 第2次選抜1/24	2/3	第1次 適性検査Ⅰ・Ⅱ 第2次 適性検査Ⅲ・面接
さいたま市立大宮国際中等教育学校(予定)	一般	男女各80 (含特別 1割程度)	12/26	12/30	第1次選抜1/14 第2次選抜1/20	第1次選抜1/17 第2次選抜1/24	2/3	第1次 適性検査A・B 第2次 適性検査C・集団活動
	特別		12/26	12/30	第1次選抜1/14 第2次選抜1/20	第1次選抜1/17 第2次選抜1/24	2/3	第1次 適性検査D・集団面接 第2次 適性検査E・集団活動
川口市立高等学校附属中学校	一般	男女各40	12/1	12/14	第1次選考1/13 第2次選考1/20	第1次選考1/18 第2次選考1/25	2/6	第1次 適性検査Ⅰ・Ⅱ 第2次 適性検査Ⅲ・集団面接

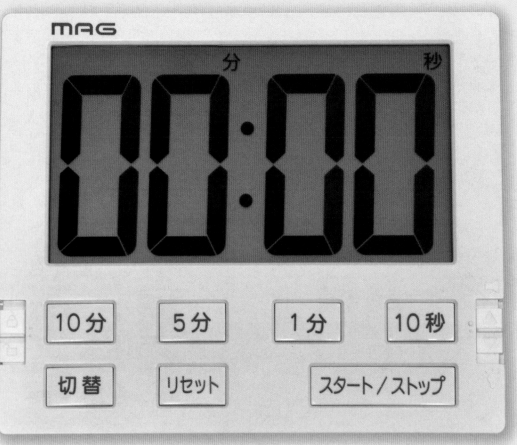

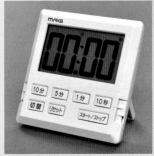

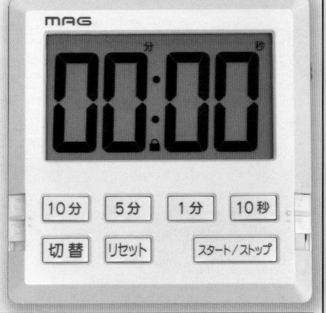

あとがき

秋の訪れとともに、ご本人はもちろんご家族みんなで挑む「中学受験」も、いよいよ「追いこみ」の時期に入ってきました。マラソンでいえば35㎞を過ぎたところ、いちばん苦しく感じるあたりかもしれません。しかし、あと少し走りつづければ、ゴールはもうそこに見えてきます。

この本は、受験まで「あと100日」をテーマに、さまざまな角度から「受験生、保護者のお役に立てる情報を少しでも多く」との思いで編集したものです。

「中学受験」は、ご家族みんなが受験生に寄り添って駆け抜けるところに醍醐味や喜びがあります。

さあ、受験まで「あと100日」。まだまだ保護者のみなさんのサポートは欠かすことができません。いつも笑顔を絶やさず、その日までご本人を励ましてあげてください。

努力をつづけたこの経験は、かならずご本人の財産として残ります。支えてくれたご家族の愛情も心に刻みこまれることでしょう。

編集部一同、心からご健闘をお祈りしています。

『合格アプローチ』編集部

2023年９月12日初版第一刷発行
定価：1,100円（10％税込）
発行所／株式会社グローバル教育出版
〒101-0047 東京都千代田区内神田2-4-2
一広グローバルビル3F
郵便振替 00140-8-36677

ご投稿・ご注文・お問合せは　株式会社 グローバル教育出版

電話番号 03-3253-5944《合格しよう》(代)　FAX 03-3253-5945
URL https://www.g-ap.com　e-mail gokaku@g-ap.com

9784865122701
1920037010003

ISBN978-4-86512-270-1
C0037 ¥1000E
定価 1100円（10%税込）